Alexander Sergejewitsch

ROMANCIER & KÜNSTLER

Wahrheiten über eine aussterbende Spezies

Bibliographische Informationen der Deutschen Nationalbibliothek: Die Deutsche Nationalbibliothek verzeichnet diese Publikation in der Deutschen Nationalbibliographie, detaillierte bibliographische Daten sind im Internet über http://www.dnb.de abrufbar

Erste Auflage 2017

© 2017 Alexander Sergejewitsch
Covergestaltung und Satz: A. Sergejewitsch

Titelfoto: © konradbak Polen, Lizenz Fotolia Bildagentur
abgebildetes Fotomodell steht in keinerlei Zusammenhang
mit dem Inhalt dieses Buches
Lizenzfoto dient lediglich Cover-Gestaltungs-Zwecken

Herstellung und Verlag:
BoD – Books on Demand, Norderstedt

ISBN 9783741238499
Inhaltliche Irrtümer vorbehalten

Inhaltsverzeichnis

Vorwort

Einleitung

Kann ich *Romancier* werden ?

Licht & Schatten

Soziale Akzeptanz

Existentielle Situation

L´Amour

Muse — Erlöserin

Romantik — Unstillbare Sehnsucht

Öffentliche Anerkennung & Prominenz

Gesellschaftslöwe (*socialite*)

Wein — Trösterin & Seelenglas

Einsamkeit

Déborah de Robertis
„Schlangenbeschwörerin des Ursprungs"

Sterben wir aus ?
Profit-Religion *versus* Human-Kultur

Kommentierender Rückblick

Statt eines Nachworts — Fall *Kinski*

Vorwort

Gemeint ist der *Romancier* im erweiterten Sinne, *i. e.* der Künstler im Allgemeinen, wobei dem Schriftsteller das Hauptaugenmerk gilt. Alle Schöpfer, unabhängig von ihrem Terrain, ob Literatur, Musik oder Malerei usw., arbeiten nach den gleichen Prinzipien. Ihre jeweiligen Sprachen unterscheiden sich lediglich an der Oberfläche.

Denn sämtliche künstlerischen Ausdrucksformen sind zurückzuführen nicht alleine auf ein gemeinsames Urmotiv, sondern auch auf eine gemeinsame Ursprache.

Das gemeinsame Urmotiv ist der Drang des Propheten – denn als einen solchen verstehe ich den Künstler – seiner Mitwelt den Spiegel vorzuhalten und die gemeinsame Ursprache das denselben ästhetischen Gesetzen (Rhythmus, Balance usw.) verpflichtete Formulieren dessen, was der Künstlerprophet sieht.

Künstler leisten einen bis heute bei Weitem unterschätzten Beitrag zum gesellschaftlichen Wohl, da Kultur die Räume schafft, in denen die kollektive Befindlichkeit auf den Prüfstand zu stellen ist und Auswege sozialer Gemütsmängel in positiver Hinsicht zu diskutieren sind. Ich denke an *Joseph Beuys* (1921 bis 1986) und seine HONIGPUMPE AM ARBEITSPLATZ auf der Kasseler *Documenta 6* im Jahre 1977. Schuf er doch den Begriff der SOZIALEN PLASTIK, welche jeden einzelnen Menschen als Baustein einer Frieden stiftenden Gesamtskulptur begreift. Eine Auffassung im Übrigen, die geistesgeschichtlich u. a. in christlicher Mystik verankert ist.

Kultur ist, gemessen an der Harmoniebedürftigkeit des Menschen, das Fundament einer gesunden Gemeinschaft und ihrer intakten Ökonomie.

Alexander Sergejewitsch 2017

Einleitung

Geschrieben habe ich diese Philosophie aus maskuliner Sicht. Durch *meine* Geschlechterbrille erzähle ich. Denn es sind die Musen, denen ich in der Rolle des empfangenden männlichen Künstlers vieles zu verdanken habe. Mit anderen Worten, es ist Weiblichkeit, weshalb ich schöpfe. Ohne Weib kein Œuvre. Inspiriert zu diesem Büchlein hat mich ebenfalls eine von mir sehr geliebte Freundin. Doch sind meine Beichten und Ansichten ebenso mit Interesse zu verfolgen für die schaffende Frau, da meines Dafürhaltens Kreativität *per se* geschlechtslos ist, wenn auch dieselbe entsprechend der geschlechtlichen Herkunft wahrgenommen und beurteilt wird.

Um eine schaffende Frau wie etwa Performance-Künstlerin *Déborah de Robertis* (*1984) zu verstehen, sind die folgenden Wahrheiten insofern von Aufschluss, als der *psychische Befindlichkeitsrahmen* ersichtlich wird, der einen Künstler jenseits seines *sexus* dazu treibt, ungewöhnliche Wege zu gehen.

Verfasste ich die folgenden Zeilen vorwiegend als Poet und nicht als Rationalist, der abstrahiert, bis von Wahrheit nur intellektuelle Schlacke zurückbleibt, die jedweder Bedeutung entbehrt. Denn der Erklärung des *Romanciers* gebührt die Poesie. Sie sagt mehr aus als das tote Wort eines gefühllosen Gehirnkastens.

In diesem Sinne ist Nachstehendes weniger Sachbuch als vielmehr belletristische Lektüre mit Kenntnisnahme unverrückbarer Tatsachen zum Charakterprofil desjenigen, den ich *Romancier* heiße.

Kann ich *Romancier* werden?

Um es vorweg zu nehmen, *Romancier* kann ich nicht werden. Als *Romancier* bin ich geboren. Der Herr alleine entscheidet, wem er dieses Kreuz zu schultern gibt. Möge niemand darüber klagen, nicht als ein solcher geboren worden zu sein, denn dieses Kreuz ist schwer, *Golgatha* weit und die Existenz einer zweiten *Veronika* zweifelhaft.

Man kommt auf die Welt, nach Qualen der Reise durch den Geburtentunnel, denn der Begriff „Wärme", hier draußen, in der schneeigen Wüste aus Eis und Verdammnis, Hass und Totschlag, scheint ein Fremdwort zu sein. Die Sonne ist trügerisch, der Mond vielversprechend und die Sterne rauben uns den letzten Verstand.

Wuchs auf im Treibsand der geschlachteten Träume meiner Eltern, auf zunächst wohl gebetteten Laken einer rasch verglühenden Kindheit, bevor ich gewickelt wurde ins Tuch aus Pech und Schwefel. Mit Pech entzündete ich meine Fackel, um nicht zu irren in Dunkelheit, mit Schwefel bereitete ich das Schwarzpulver für meine Pistolenpfanne, bevor ich in den Duell-Tod ging, aber konservierte ich damit genauso meinen geliebten Roten, davon ich literweise trank, bevor der Medikus in eine fremde Stube trat, in der ich hingestreckt lag gleich Christus *in lacrimas*.

Wahrlich, kein *Romancier*, i. e. nicht auf die Welt gekommen zu sein, ist für jeden *Romancier* zu betrauerndes Glück. Nach nichts mehr sehnt er sich als seiner Haut zu entfliehen, als *Bartholomäus* zu sterben.

Daher sind noch lange nicht diejenigen, nur weil sie preisgekrönter Papierfluten sich erfreuen, *Romanciers*. Der *Romancier* ist kein Kind von Eitelkeit, Kapitalismus und Sensation. Ihn lieben zwar die Götter, dafür aber hat er einen hohen Preis zu zahlen, den die preisgekrönten Pseudo-Literaten nicht zu zahlen gezwungen sind, da in ihren Adern nicht das dickflüssige Blut eines *Charles Baudelaire* (1821 bis 1867) fließt. Doch sonnen sie sich in fremden Gärten, gehen aus mit pekuniären Blutsaugerinnen und leben ein vermeintlich begehrenswertes Leben.

Auch wenn *Gunter Sachs* (1932 bis 2011) kein Roman-Schriftsteller war, versuchte er sich als *Romancier* erotisch glamouröser Bilder und Filme, allerdings m. E. vergebens. *Gunter Sachs* war für mich nicht das, für was die Welt ihn hält. *Gunter Sachs* war für mich kein *Romancier*. Seinen Bildern fehlen für mich Idee und Seele. *Sachs* war für mich kein Erbauer von Feuerschlössern und unterirdischen Paradiesen. Nein, Nachkomme einer Industriellen-Dynastie, wie begehrenswert oder auch nicht, wenn man seinen Freitod reflektiert, der gewiss familiär vorgezeichnet war. Aber ist das ein anderes Thema.

Um zurückzukehren zum Literatentum, denken wir an die Massen-Produktionen historischer als auch Fantasy-Romane. Jeder halbwegs talentierte Schreiberling ist imstande, entsprechende Leseware zu liefern. Doch wer ist in der Lage, VINGT MILLE LIEUES SOUS LES MERS (1869f. *Jules Verne*) zu erdichten? Wer ist gewappnet, PINOCCHIO (1881 *Carlo Collodi*) zu erfinden? Nicht alles, was reißenden Umsatz verzeichnet, ist deshalb gut.

Trieb es mich wieder einmal in den Buchhandel, um in erotischer Literatur zu stöbern. Grauen überfiel mich, Langeweile gepaart mit ausgeprägtem Desinteresse. In Möchtegernworte gefasster medialer Abklatsch aus *Hollywood* oder sonst woher. Wer versteht es heute noch, zu schreiben über Liebe und Sehnsucht? Verkommen ist vieles zum Klischee einer verlogenen Wirklichkeit aus zweiter Hand. Nicht mehr erlebt wird Liebe unmittelbar, dieselbe erstarrt zu einem toten Skelett aus abgedroschenen Vorstellungen. Wer ist denn ein Minnesänger, um wahrhaftige Lust in Poesie zu verwandeln? Stattdessen Maschinenlust und Bärengezänk. Nein, der *Romancier* mag keine Maschinen, weshalb nicht wenige dieser Spezies über kein Automobil verfügen sowie sie auch nicht gerne einen Flieger besteigen. Sie mögen ferner keinen Zank, die Eifersucht ist nicht ihre Sache, es sei denn, der Nebenbuhler wäre ein *crétin*.

Ihr Bekenntnis und damit meines lautet:

„Du, meine *Madonna*!"

Romancier zu sein, ist Schicksal sowohl im bejahenden als auch verneinenden Sinne. Entweder reite ich die höchste Welle oder werde unter ihr begraben. Mittelmäßigkeit ist jenseits meiner Passion, doch wenn ich nicht oben und nicht unten bin, erlebe ich dieses Zwischenreich der grauen Schatten als bittere Qual und warte solange bis ich befreit werde von einer Muse, einem weiblichen Pendant, einem *Prometheus*, der ausschließlich zu mir gekommen ist, um meine Ketten zu sprengen, weil *Prometheus* mich liebt.

Der bürgerliche Beruf ist mir verhasst, der Beruf, Zahnrad zu sein in einer Welt aus Zahnrädern. Säße ich im dunklen Kämmerlein gleich *François Villon* (1431 bis 1463) mit Ratten, müsste ich mein Dasein fristen, das fahle Licht eines trostlosen Tages sei mir vergönnt, tauschen würde ich mit niemandem, denn ich wüsste, meine *Madonna* käme, um mich zu erlösen.

Nicht der gewöhnliche Arbeitnehmer bin ich, welcher Uhren repariert und Bücher mit Zahlen füllt. Arbeitnehmer anderer Art bin ich, nehme die Arbeit von meinen Musen entgegen, um nicht nur Bücher, auch Partituren und Leinwände zu verwandeln in Poesie, mit Noten und Maleröl.

Im strömenden Regen pflückte ich keine roten Blüten, ließe sie am Strauche, schenkte sie ihr, meiner Angebeteten, anstatt. Leben ist mir oberstes Gebot! Weshalb ich keine sterbenden Blumen in tote Vasen zu stecken mag.

Ich liebe die Freiheit, nicht den falschen Hort vorgegaukelter Sicherheit. Was der Bürger für sicher erachtet, sind bloß Schall & Rauch für mich. Seinen Arbeitsplatz kann der Bürger jederzeit verlieren, sein Eigentum, sei es bspw. eine Immobilie, jederzeit konfisziert werden, seine Frau ihm davonlaufen und so fort. Dies sind, obgleich existentielle Sicherung Vorfahrt genießt, vergängliche Werte. Der *Romancier* sucht die ewigen Werte, die seinen Tod überdauern, in künstlerischer Produktion. *Dante Alighieri* (1265 bis 1321), *Sandro Botticelli* (1445 bis 1510) und *Georg Friedrich Händel* (1685 bis 1759) leben!

Wie verlautbart, ist *Romancier* zu sein, eine Einstellung, nicht gebunden an die einzelne Kunstform. Es ist der Blick, mit dem er die Welt beschaut, der mit der Konvention des Alltäglichen bricht. Eine *Perspektive*, die gottgegeben und nicht erlernbar ist, das, was ich als Talent, im höchsten Sinne als genial bezeichnen möchte. Er sieht mit den Augen eines *Caspar David Friedrich* (1774 bis 1840). Physikalisches Blau des Himmels erscheint ihm rosa leuchtend, rotglühend vergehend. Betrachtet die Welt mit seinem Herzen. Idealist ist er, Subjekt in Vollendung, Verneiner des *Kantschen* (1724 bis 1804) DINGES AN SICH, aber Bejaher seines KATEGORISCHEN IMPERATIVS. Und je mehr er abweicht von der Sache, je mehr er sich verschreibt der Einbildung, der Imagination, schlichtweg der Empfindung, desto mehr bewundert ihn sein Publikum.

Ist denn Imagination Traumtanz, belächelnswertes Gespinst eines Irrsinnigen, wie die Materialisten behaupten? Ganz und gar nicht! Imagination markiert die Meilensteine des Weges zum Ideal, welches das höchst Mögliche überhaupt darstellt. Wenn wir im Schlafe imaginieren, wenn wir träumen, treiben wir uns herum auf den Straßen des Unbewussten, rudern in Booten, die leck sind, besteigen Schafotte ohne Beil, weil wir wieder erwachen und feststellen, dass wir noch atmen. Und doch sind unsere Träume Wirklichkeit, denn sie spiegeln unsere seelische Befindlichkeit, erzählen uns von dem, was wir erlebten, von dem, was sein werde, so eine Art *Delphischen* Orakels. Unsere Träume müssen wir verstehen lernen, um zu erfahren, dass sie offene Bücher sind, in denen wir nur zu lesen bedürfen, um zu begreifen, wieso dieses oder jenes derart ist wie es erscheint. Die Imagination bzw. Fantasie sind die Werkzeuge, die Gott dem *Romancier* zur Schenkung brachte, damit er die Blinden sehend mache.

Er nimmt ihre Hand, presst sein Gesicht an das ihre und bettelt und schwört:

„Wann darf ich dich anrufen? Ich möchte dich wiedersehen. Du fehlst mir so sehr! Ach, wie sehr du mir fehlst!"

Dann rannen heiße Tränen.

Mund an Mund.

Lippe an Lippe.

„Rufe morgen an!"

Dann verschwand er.

Es war das Fest der Auferstehung.

Hier in Paris, an der Seine.

Er blutete wie ein angeschossener Hirsch und sie war seine Jägerin.

(aus: Hélène Das Geheimnis der falschen Mona Lisa)

Allerdings darf man den erweiterten Kunstbegriff eines *Joseph Beuys* (1921 bis 1986) nicht missverstehen, der die Einstellung verfocht, dass in jedem ein Künstler sei. Sein „Künstler", der in jedem wohne, ist nur bedingt gleichzusetzen mit meinem *Romancier*. *Beuys* meint, dass jeder dazu geschaffen sei, sich zu emanzipieren, selbst zu verwirklichen im humanistischen Geiste, nicht dass derselbe ein *Rembrandt Harmenszoon van Rijn* (1606 bis 1669) wäre. Darin pflichte ich ihm bei.

Mein Künstler aber, mein *Romancier*, ist ein *Rembrandt*, der Auserwählte, der ohne Sünde ist, obgleich er große Schuld auf sich geladen hat, der *Verlorene Sohn*. Er ist ohne Sünde, weil er bereits im Beichtstuhl saß, seine Missetaten offenlegte und danach die Absolution empfing. Seine Buße ist das Gebet der Vorstellung, die er künstlerisch festhält, die Imagination, die er fixiert in Worte, Öl oder Stein etc.

Romancier ist und bleibt er, ohne jemals die Divina Commedia (etwa 1307-21) schreiben, ohne jemals La nascita di Venere (1484-86) malen oder die Vatikanische Pietà (etwa 1498-1500) meißeln zu müssen.

Romancier bin ich kraft meiner *Perspektive*, jenseits meines Werks! Wie ich sehe, höre und schmecke! Und darum denke wie ich denke!

Und *Romancier* werde ich nicht!

Ich *bin* ein solcher um meiner Geburt willen!

Licht & Schatten

Bisweilen wandelt der *Romancier* im Licht, welch´ Glück! Aber — wie gesagt — hat er aufgrund dessen viel zu schultern. Dafür ist sein Licht ein besonderes. Nicht etwa bloßes Glühlampengefunzel, sondern Festbeleuchtung vom Feinsten, kurzum Lüsterprangen. Er findet sich wieder in den Seiten von *Leo Tolstoi´s* (1828 bis 1910) Krieg & Frieden oder bei *F. Scott Fitzgerald´s* (1896 bis 1940) The Great Gatsby. Erlebt sich selbst als unsterblich, geht spazieren im Nieselregen über die *Pont Alexandre III* bei versinkendem Lichte im Herbst, rötlich geschwängert der verblassende Ball der tauchenden Abendsonne. Frühstückt am darauffolgenden Morgen mit *Antonio Canova´s* (1757 bis 1822) DREI GRAZIEN in der *Sankt Petersburger* Eremitage, hält betende Einkehr in der *Santa Maria Gloriosa dei Frari* in der Stadt der ewigen Engel, in *Venedig,* wo er mit *Canova* Fürsprache hält. Für wenige Augenblicke ist er Held, weshalb das Leben für ihn nur Marginalie ist. Die eigentliche Schrift sei der Kosmos. Freunde hat er, und Freundinnen liebt er mit Leib und Seele. Doch große Freundschaft geschlossen hat er mit den Sternen, wenn des Nachts er mit jungfräulichem Gemüte durch entlaubte winterliche Eichenwälder zieht, golden funkelnd das Meer von Diamanten zu ihm hinunterblickt, er hinaufblickt, die Sprache versteht der strahlenden Gnade.

Er empfindet!

Er kennt das Glück, weshalb er leidet. Denn sein Glück währt nur wenige Stunden, und er die kellernen Stufen wieder hinabzusteigen gezwungen wird. Im feuchten Verliese seiner dann tränennassen Sehnsüchte eben nach diesem Glücke, das verloren nun für immer, er die tiefe Wunde fühlt, welche man ihm zugefügt, weil er das heilige Licht gesehen hatte, nachdem er immerwährend dürstet.

Warum hatte ihn seine von ihm glühend verehrte Muse, seine *Madonna*, seine *Santa Maria* verlassen?

Erlebt sein Sterben bei lebendigem Leibe, fühlt, wie der Odem sich von dannen schleicht, dann ertastet er das schwarze Grab, in welchem er nicht ruht, sondern schmachtet.

Wer ein einziges Mal von jener kostbaren Frucht gekostet hat, wird das Brausen des Gipfelsturmes nicht mehr los, ist dieser Frucht verfallen, denn ihr Saft ist sein Elixier, ohne das er nicht mehr zu überleben meint. Dieses Elixier stellt dar den Grund, weshalb er überhaupt noch existiert, weshalb er in der Frühe aus dem Bette sich schwingt, um Gebete zu beten zu seinen Göttinnen, zu seiner Statue aus Poesie und Licht. Denn er ist kein anderer als *Pygmalion*, Imaginator, ein *C. D. Friedrich*, hier mit Worten.

Amor heißt er auch und seine *Psyche* Wahrheitsspiegel.

Gefeiert wird er von seinen Verehrerinnen und Verehrern, doch tritt er den Sinkflug an als *Ikarus*, spätestens dann, wenn in den Augen seiner Verehrerinnen und Verehrer er scheitert, denn auch der *Romancier* ist bloß ein Mensch aus Fleisch und Blut. Von seinem Publikume nichtsdestotrotz wird er gefasset als Gott, obgleich er bloß Nachahmer seiner Träume ist. Der *Romancier* verkörpert das Ideal, nach welchem alle streben, er ist Träger allen Leidens, Projektionsschirm unerfüllter Hoffnung und ihrer Sehnsucht. Sein Werk ist absolut, obgleich er selbst, weil Mensch, nur relativ ist. Seine Leserschaft enttäuscht er, seine Kameradinnen und Kameraden, verriete die Freundschaft, das hohe Gut, sei undankbar, hadere mit seinem großen Schicksal, für welches er doch die Erde küssen möge. Aber verkennen die Kritiker seine Rolle, er ist nicht Gott, er ist bloß *Pygmalion*, Kopist seiner Träume, welche die Träume eines jeden sind. Der *Romancier*, selbst wenn er unfehlbare Welten schafft, ist fehlbar.

Denken wir an *Salvador Dalí* (1904 bis 1989) und sein Bekenntnis zu *Francisco Franco* (1892 bis 1975), an *Arno Breker* (1900 bis 1991) und *Albert Speer* (1905 bis 1981), *Romanciers* der Malerei, Skulptur und Architektur, eben bloß *Menschen*.

Soziale Akzeptanz

An dieser Stelle möchte ich die sozialen Widerfahrnisse schildern, denen wir *Romanciers* ausgeliefert sind, sei es in der Nachbarschaft oder auf der Straße.

Von Arbeitsplatz kann keine Rede sein, denn unser Arbeitsplatz ist neben öffentlichem Überallraum wie Straße, Café oder Bahn, wo wir einen neuen Roman ins künstlerische Kalkül ziehen, nicht das gewöhnliche Büro oder ein Sonstirgendwo, sondern die stille Kammer, das Poeten-Refugium, wohin wir uns zurückziehen, um die Feder zu schwingen.

Oft habe ich mich gefragt, weshalb man mir Misstrauen entgegenbringt, mich einstuft als komischen Vogel, alles wissen will von mir, *nichts*, bisweilen aber *alles* zutraut. Ich frisiere mich nicht wie *Sascha Lobo* (*1975), abgesehen davon, dass dafür das Haar mir fehlt, oder laufe herum wie *Karl Lagerfeld* (*1933), nichtsdestoweniger in Schwarz ich erscheine, ohne mir das im Geringsten verordnet zu haben, ohne zu bezwecken zu wollen etwas damit, weil ich exzentrisch sei, wie mancher zu der Auffassung gelangt. Ich bin unbekannt, kein Abziehbild aus Presse, Funk oder Fernsehen, und trotzdem nimmt man Anstoß, bevorzugt in der Provinz, nicht in *Berlin, Paris, Hamburg* oder *Köln*. Möchte ins Gespräch kommen, mich ausfragen bis aufs Hemd, sucht Kontakt, um in Erfahrung zu bringen, was ich wolle und wer ich sei. Werde des Öfteren – wohlgemerkt in der Provinz – fadenscheiniger Gründe wegen angesprochen auf offenem Pflaster.

An einem Bahnhofe starrte jemand nach mir. Drehte den Absatz, kehrte ihm den Rücken, doch ließ er nicht ab, wechselte seine Position, um mich in Augenschein wieder nehmen zu können. Sprach mich schließlich an, mit der Offerte, mir ein noch gültiges Billet verkaufen zu wollen, das er nicht bräuchte. Einfach nur kurios!

Ständig will man etwas von mir, und gibt sich dabei redliche Mühe.

Bei einem meiner Wald- und Wiesenmärsche, verfolgte mich lange ein weibliches Unikum. Wohl aufgefallen musste ich ihr sein, als sie mit ihrem Benzinschlitten vorüberfuhr – mein Weg führte kurzstreckig an einer Straße entlang – ihre Stahlkarosse parkte und auf Schritt und Tritt mir folgte. Sämtliche Anstalten ergriff ich, um sie loszuwerden, machte Hocke, simulierte Schnürsenkel-Binden, um sie passieren zu lassen. Doch vergebens, sie gab nicht auf, als sie mich schließlich eingeholt hatte, gab sie zu verstehen, dass sie nichts wünsche von mir. Wie makaber!

Ähnliches widerfuhr mir auf derselben Strecke Monate später, als ich nach längerem Lauf einfach nur verschnaufen wollte und dazu mich auf einer Bank niederließ. Haltgemacht in nächster Nähe hatte ein Wagen, darin eine Joggerin, welche solange nicht ausstieg, bis ich mich erneut in Bewegung gesetzt hatte. Schier unbegreiflich, zumal ich ganz gewöhnlich angezogen war, als sportlicher Läufer. Was mag in diesen Köpfen vor sich gehen?

Vor nicht allzu langer Zeit stürzte irgendeine Neurotikerin auf mich zu, in dem Dorfe, wo ich zuhause bin, und überfiel mich mit dem Vorwurfe, ich ginge die Straße auf und ab, in dem Begehren, die Leute erschrecken zu wollen – als sei ich ein Ungeheuer!

Dieses Mal – ausnahmsweise in einer Metropole – unterstellte man mir, in diesem Kaufhaus Schuhe, in jenem Garderobe „geklaut" zu haben.

In der Straßenbahn vor Ort setzte sich ein „Entflohener" unmittelbar hinter mich und stotterte ununterbrochen „ä-ä-ä!" Ich wechselte darauf meinen Platz, als ich zu meinem Entsetzen plötzlich feststellte, dass das gleiche kranke Subjekt abermals hinter mir saß und mich wiederholt malträtierte mit seinem undefinierbaren „tätärätätä!"

Desgleichen erfahre ich seitens prüder hässlicher Weiber, wenn ich in ledernen Beinkleidern gehe.

Wo ich meine Künstlerhütte verteidige, hier in dem Dorfe – man versucht mich zu vertreiben wie einst *Gottfried Helnwein* (*1948) von seinem Schlosse im pfälzischen Rheinlande – hatte ich seelische Kämpfe auszutragen mit zwei *Stalkerinnen*.

Die eine ward bald auszuziehen gezwungen – ich danke Gott dafür auf den Knien! – die Annäherungsversuche der anderen nahm ich etwa zwanzig Jahre hin, bis zum Gegenangriff ich überging. Mit Erfolg!

Weshalb lässt man uns nicht des Weges ziehen – wie gesagt – in der Provinz? Weshalb nicht *leben und leben lassen*? Was haben wir an uns, was Leute veranlasst, sich schadlos zu halten an uns ihres zerebralen Schadens wegen? Vorurteil, Unterstellung, Diskriminierung und Aggression.

Bedauerlicherweise selbst unter jungen Frauen, eine solche mir vorwarf, Rassist zu sein, bloß weil ich bekundet hatte, dass Südländer sich laut zu artikulieren gewohnt sind, was mir jeder bestätigen wird. Nichts weiter als kulturelle Gepflogenheit.

Oft springt man mir ins Gesicht und lädt seinen Sozialschutt bei mir ab, kehrt seinen persönlichen Dreck vor meine geistige Haustür, als sei ich Allesfresser.

Ein weiteres Mal, als ich noch *studiosus* war, schloss man mich aus vom Fassadenanstrich eines wilhelminischen Hauses im Besitze der Kommune, da irgendein Behördenhengst meinem Arbeitgeber zu verstehen gab, als jener mich das erste Mal in seinem mickrigen Leben zu Gesicht bekam, dass ich nichts taugte, er kennte mich. Welch fassungslose Lüge!

Hierüber könnte ich ganze Kompendien füllen, doch möchte ich den Leser nicht überstrapazieren. Unverblümte Tatsache ist und bleibt, dass der *Romancier* ein unsichtbares Keinsmal trägt. Er ungewollt einer Spezies angehört, die den von sich selbst Verfolgten als Projektionsschirm ihrer schlechten Erfahrungen und schmutzigen Fantasien dient. Als Prominenter hingegen zur Projektionsfläche von Träumen und Hoffnungen wird – also *vice versa*.

In der Schule, genauer gesagt, auf der gymnasialen Anstalt – denn als Kind wurde ich verhätschelt wie ein stündlich abzuküssendes Stofftier – beäugte manch Erzieher mit skeptischen Blicken mich, schien nicht ganz schlau zu werden aus mir, machte seine Witzchen. Ein Original sei ich, „ha-ha-ha", und überhaupt möge ich zur Bierzeitung gehen, um dort meine schriftstellerische Gabe zur Blüte zu bringen, „ha-ha-ha". Ein seltsamer Kauz eben.

Für gewöhnlich gehen wir *Romanciers* keiner geregelten Arbeit nach, nicht alle, doch viele von uns, was aber nicht heißen mag, dass wir über keine Mittel verfügten. Die einen stammen aus wohlbegüterten Verhältnissen, werden familiär unterstützt, was jedoch nicht folgerichtig sein muss. Andere Kollegen kommen von unten, sind gefordert, Gelegenheitsarbeiten nachzugehen, denn ein normaler Arbeitsplatz ist uns oft verwehrt, da wir schnell anecken mit Chef und Belegschaft. Denn – wie der Leser weiß – lieben wir *Romanciers* nichts mehr als die Freiheit und nicht das starre Rädergetriebe im Uhrwerk einer dem Tode geweihten Betriebs-Kultur. Wir sind im Allgemeinen unser eigener Vorgesetzter, wenn wir über Disziplin verfügen, was allerdings den meisten von uns abgeht, da wir nicht haushalten können mit unseren Leidenschaften, verfallen der Trink- und Spielsucht, suchen die Freudenhäuser auf und am Ende schauen wir in einen Tunnel aus Schulden. Denken wir an die Malenden und Singenden unserer Zunft, an *Henri Marie Raymond de Toulouse-Lautrec-Monfa* (1864 bis 1901) oder an Herrn „Nirgendwo-Zug-Fahrer" *Christian Anders* (*1945).

Ich selbst habe erstiegen die oberste Sprosse der beruflichen Karriereleiter, doch wer gab nur einen Sou dafür? Niemand! Das Kainsmal eben, das meinen Weg vorherbestimmt. Insofern ist der amerikanische Traum, der aus einem Tellerwäscher einen Millionär zu machen vorgibt, bloßer Mythos. Es ist unausweichliche Natur, welche den Menschen prägt, noch bevor er das Licht der Welt erblickt. So wie man als *Romancier* geboren und nicht erfunden wird durch sich selbst, nachdem man einer Schreibwerkstatt seinen Besuch abgestattet hat.

Da wir *Romanciers* oft keiner geregelten Arbeit nachgehen, erwecken wir Neugierde in unserem sozialen Umfelde durch unseren rhythmisch nicht geordneten Tagesablauf, unser des Nächtens in der Schreibkammer Sitzen, weil noch eine Kerze brennt hinter zugezogenen Gardinen, während andere bereits zu Bette sind, außer denen, die auf der Lauer liegen, um ihre Nachbarschaft zu erforschen wie es bei uns der Falle ist. Man bekundet Interesse für den Sonderling, flicht Kränze von Vermutung, schürt abschüssige Gerüchte und ergeht sich mitunter in übler Nachrede. Zunächst will man „auf Teufel komm raus" wissen, was denn Herr Seltsam treibe, mit was er seinen Lebensunterhalt bestreite, weshalb er des Morgens nicht das Haus verlasse mit Aktentasche wie es sich für jedermann geziemt. Die Antwort ist so selbstverständlich wie das Amen in der Kirche: der *Romancier* ist kein „Jedermann". Dann möchte der seelenlose Nachbar wissen, falls wir als Männer keine Frauen zu Besuche haben, ob wir „vom anderen Ufer seien". Und sowieso steht das Intimleben unserer Spezies im Mittelpunkt der Neugierde, gerade deshalb, weil wir in keine Schublade passen, die die Nachbarschaft so gerne zimmert. Aus alledem leitet sich ein Schwanken der öffentlichen Meinung ab, weil man nicht weiß, mit wem man es tun habe. Wir *Romanciers* finden uns wieder im Wechselbad falscher Erwartung. Mancher verachtet uns im überspitzten Falle, hält uns für einen Ganoven, der andere zieht den Hut, hält uns für den Bewahrer der Menschenrechte, gar für einen Advokaten. Die Außenwelt ist verunsichert, sie weiß nicht einzuschätzen den Fall. Sie braucht die Zuordnung, der sie sich vertraut, um in Ruhe ihrem

Schlafe nachzugehen, und gerade darin liegt ihr größter Fehler!

Wie oft wird ein vermeintlich netter Nachbar eines Kapital-Verbrechens überführt?

Die Oberfläche regiert das Denken der Bourgeoisie, der Bourgeois glaubt an was er zu sehen, hören und zu schmecken vermeint. Sein Kopf ist Sammelsurium medialer Versatzstücke der Unterhaltungsindustrie, eine Kiste gefüllet mit Klischees, deren einzige Aufgabe darin besteht, dem Biedermann seine Angst zu nehmen, worüber im Übrigen die Versicherungsbranche sich ins Fäustchen lacht.

Wahrlich, der *Romancier* passt in keine Schablone, ist universal, der im Mikrokosmos enthaltene Makrokosmos, Brennspiegel allen Seins. Er ist nicht so und auf diese Weise, nicht so und auf jene Weise. Trinkt er, sei er der Alkoholsucht preisgegeben, obgleich er nicht abhängig ist. Führt er mehrere Frauen aus, sei er Schwerenöter, obgleich er keiner ist. Und kleidet er sich extravagant, sei er auch daher „von der anderen Fakultät", obgleich er es nicht ist. Nein! Er ist nicht das, was man von ihm denkt. Nein! Er ist, was er ist: alles und nichts, weil er das

Universum in seinen Händen hält wie einst *Kopernikus* (1473 bis 1543). Er ist ein Stern am Himmel unserer marginalen Welt, weshalb er das Leben zwar nicht verachtet, aber dasselbe nicht für *alles* nimmt. Er weiß es zu relativieren, seinem Begriffe nach dorthin zu setzten, wo es hingehört. Was man gewöhnlich mit der Bezeichnung „Leben" verbindet, ist für ihn nichts weiter als eine mit Künstlichkeiten gemästete Ganz, ohne Wahrheit, ein Postkartenbild aus dem Reich gewollter Vorstellung. Leben ist für ihn, was über allem hinausragt, was *nach* demselben kommt – das Irdische spielt auf Erden – was jemand mit der Maske eines *William Shakespeare* (1564 bis 1616) treffend als Bühne nahm. Das Eigentliche *spielt* nicht, dafür aber *ist*, umso mehr *ist*, weil der Kosmonaut an ihm bereits teilhat, auf anderen Planeten. Der Kosmonaut greift voraus, wird Zeuge dessen, dem der gewöhnliche Mensch – wohlgemerkt nicht der *Romancier* – erst nach seinem Tode gewahr wird: *Gott*. Daher ist der *Romancier* Priester und seine Schriften sind nichts anderes als Evangelien.

Darum stößt er auf Misstrauen, wo man ihn nicht kennt. Ebenso auf Bewunderung als auch Verachtung. *Truman Capote* (1924 bis 1984), schreibt ANSWERED PRAYERS.

Manch ein *Romancier* verbringt sein Leben im Mauseloch, obwohl er in Palästen Stammgast ist.

Geliebt wird er von den Göttern, fälschlich eingeschätzt von seinen Mitmenschen und verfolgt von den zutiefst Unglücklichen, die sich selbst leugnen, nicht zu springen vermögen über den Schatten ihrer selbst.

Der *Romancier* ist Vagabundierender, mit der Regentenkrone auf seinem Haupte und dem paradiesischen Apfel in seinen Händen.

Oft wird er nicht verstanden, da er selbst *alles* versteht und *ist*, nur nicht *anti-humanistisch*, sondern *pazifistisch*. Insofern einschätzbar, gerade daher keines bürgerlichen Korsetts bedarf noch in ein solches passte. Das ist seine soziale Passion. *Alfred Hrdlicka* (1928 bis 2009).

Existentielle Situation

Die existentielle Situation für uns *Romanciers* ist eine besondere. Entweder verfügen wir über Mittel familiären Hintergrundes wegen, oder stehen tatsächlich im Dienste eines anderen Herrn, was eher selten der Fall ist, weil wir – wie erwähnt – dazu neigen, uns nichts vorschreiben zu lassen „von anderen Herren"; oder sind gezwungen, am Hungertuche zu nagen, falls wir nicht sonst irgendwie eine Möglichkeit finden, über Wasser uns zu halten. Pfandflaschen zu sammeln, steht uns nicht zu Gesichte, da unser Gros Anzüge trägt und mit Banditen, Räubern und Müllplünderern nicht in einen Topf geworfen zu werden begehrt. Verbleibt der *Freelancer* auf intellektuellem Niveau. Journalismus in Schrift und Bild, Übersetzung, Unterrichts- und Vortragswesen an höheren Lehranstalten usw.

Das gibt uns zwar Kraft, weil wir uns einbilden, gebraucht zu werden und zu etwas nütze zu sein, doch letztlich ein Fischen im Trüben. Gern gesehen an solchen Plätzen ist unsere Zunft, denn selbstverantwortlich pflegen wir unsere Dienste zu tun, *i. e.*

für die soziale Absicherung haben wir selbst aufzukommen, auch wenn wir oft weisungsgebunden arbeiten, das heißt Arbeitnehmer sind. All dies ist die Kehrseite der Medaille, die wir Freiheit nennen. Gefangen in ihrem Kessel.

Insgeheim hoffen wir auf den Durchbruch unserer Kunst, darauf, mit dem Lorbeerkranz gekrönt zu werden. Doch ist dieses nur den wenigsten Kollegen vergönnt. Viele sterben in Armut und Einsamkeit. Der Wind der Geschichte fegt über sie hinweg, gleichwohl wir es nicht verdienen, gerade auch deswegen nicht, weil unser Bemühen um die Krone größere Anforderungen stellt als an die Tätigkeiten in sozialer Sicherheit sich wiegender Angestellter oder verwöhnter Staatsdiener. Die Zeche zahlen in der Regel die Pioniere, leben davon tun die Einfältigen, die auf der Stelle treten und die Verantwortung an der Garderobe abgeben. Befehlsnotstand ist Alibi.

Viele Helden tragen keine Namen, liegen auf Friedhöfen ohne Namen, sind aber über ihren irdischen Tod hinaus weiterhin wirksam. Die wenigsten Erfinder von Kultur und Wissenschaft werden gebührend gefeiert, weil Anerkennung das Privileg derer ist, welche *Fortuna* in ihr Herz geschlossen hat. Nicht umsonst rief *Jakob von Uexküll* (*1944) 1980 den *Right Livelihood Award* ins Leben, *i. e.* populär auch „Alternativer Nobelpreis".

Man darf nicht außer Acht lassen, dass viele *Romanciers*, die Großes geschaffen haben, ob als Autor, Musiker oder Bildhauer etc., unbekannt verstorben sind, und nur wenige derer *posthum* Anerkennung finden. Hüten davor sollte man sich anzunehmen, dass lediglich diejenigen, die bereits zu Lebzeiten zu Ruhm gekommen sind, die Besten unserer Zunft seien. Irrtum! Die es geschafft hatten und haben, sind nicht selten diejenigen, welche aufgrund ihrer natürlichen Gaben wie Charakter, Anatomie und leiblicher Optik, ihrer familiären Wiege und daran geknüpfter erfolgreicher Sozialisation im Leben „Schwein gehabt haben". Wie viele unbekannte *Picassos*, *Puschkine* und *Vivaldis*? Aber gilt dies keinesfalls durchgängig, was die Kämpfer von unten belegen, die es trotzdessen schließlich ebenso schafften (*Herbert Döring-Spengler* (*1944) Polaroid-Fotografie).

Die existenzielle Situation des *Romanciers* ist seines genetischen Profils wegen wie Freiheitsliebe und Wildheit nicht unproblematisch, wenn wir an *Rainer Werner Fassbinder* (1945 bis 1982) oder *Richard Wagner* (1813 bis 1883) denken. Dabei ist es nicht das genetische Profil des Künstlers, das für soziales Konfliktpotenzial sorgt, sondern die Engstirnigkeit seiner Zeitgenossen. Weniger der Künstler ist schwierig als vielmehr die *société* – eine Phrase, doch nichtsdestotrotz der Wahrheit geschuldet! Sie werden entweder naserümpfend belächelt oder hoch gefeiert, oft aber nicht begriffen, weshalb im Übrigen viele bereits früh sterben. Drogenkonsum und Selbsttötung sind nur Folge, den eigentlichen Tod begründen *Ressentiments*. Daher ist der *Romancier* schwerlich zu integrieren, unangenehmer Zeitgenosse, schwingt er doch auf einer höheren Umlaufbahn.

L´Amour

Die Liebe, ein gleichfalls heißes Eisen, das weiß glüht und zischt und dampft, sobald ein Tropfen Lebenswasser es berührt.

Von den Männern sind wir die Leidenschaftlichsten, die Sinnlichsten unter der Sonne, aber auch die Tränenreichsten. Verkörpern wir doch das, wonach jedes Weib auf diesem Erdball trachtet: Kraft im Bette und Poesie im Herzen. Doch wie ist es bestellt mit der dritten Komponente im Bunde, der Haushaltskasse? Und genau darin liegt der Hase im Pfeffer. Geld, Geld, Geld! Das liebe Geld!

Mitteilen tat ich dem Leser, dass unter uns zu lebenslanger Kerkerhaft Verurteilten — denn aus dem Holze des Auf- und Unterganges sind wir geschnitzt — es ebenso Galgenvögel gibt, von denen manch einer sein Lied mit Freude singt, weil ihm der Allmächtige ein in monetärer Hinsicht gut ausgestattetes Leben schenkte. Zur Welt gekommen unter den *Furtwängler´s*, *Wagner´s* und *Krupp´s*, kurzum mitten in die „bessere" Gesellschaft hinein. Die anderen, von weniger begehrter Abkunft, sind dazu verurteilt, den Weg *Pinocchio´s* zu gehen. Wir *Romanciers* sind eine Räubermeute aus Privilegierten und Unterprivilegierten, aus Millionären, Bankiers aber auch Bettlern, Viehdieben, Wegelagerern, Herumlungerern und Spießgesellen. Doch in einem sind wir alle gleich: der Liebe zur Passion.

Denn es ist das Weib, das uns an die Marterpfähle bindet, um uns büßen zu lassen für Sünden, die wir nicht begangen. Wir haben herzuhalten für ihre unerfüllte Sehnsucht, Launen und Rachegelüste, sprich für den Weiberhokuspokus. Auf von ihren zarten Händen gezimmerten Streckbetten werden wir gestreckt, weil wir das spiegeln, wonach jede Weiberbrust sich sehnt: Ritter, Tod und Teufel! Prinz, wilder Verführer und Exorzist. Erotomane, Sternengucker und Poet. In der Tat, das sind wir! Aber – wie festgestellt – nicht alle unseres Geblüts haben ihre Taschen mit Goldstücken gefüllet, verfügen über Ländereien, sind Herren anderer Herren. Der Habenichts kann keine Kutschen finanzieren, weder Jagdgesellschaften geben noch Diamanten aus rohen Steinen machen, wonach die Weiberbrut sich so sehr verzehrt. Stattdessen holen wir ihnen die Sterne vom Himmel, manövrieren unsere *Santa Maria* in ruhiges Gewässer und führen die Klinge meistens um ihretwegen. Wir sind die Kapitäne der Weiberlust, geborene Sänger der Minne. Aber wenn unsere Kasse nicht gefüllet mit Golddukaten, unser Säckel geschunden ist und wir auf den Hund gekommen sind, nehmen sie Reißaus und suchen den nächstbesten Hohlkopf, der ihnen dieses Irdene zu bieten verspricht für einen kurzen Augenblick, die hohle Nuss und das kopfentleerte Segel ohne Schweiß und Blut. Unser Tuch erhalten wir aus den Händen *Veronikas*, unserer treuesten aller Dienerinnen. Wir sind es, welche die Pistole führen, um den Nebenbuhler zur Strecke zu bringen. Wir rühren in dem Sud aus Elend, Vergeltung und Absolution. Der Hohlkopf jedoch, der in Talerhaufen wühlt, wirft seine Taler in die Höh´, sobald es zu Kalamitäten kommt. Er gibt Fersengeld, um sich zu retten. Wir aber kerzengerade im Sturme stehen, führen das Steuerrad, solange wie wir es vermögen, und bieten der Mannschaft unseren Kopf als Pfand, falls wir Indien nicht finden. Wir sind Gemäldemaler, Porträtisten und Jongleure von Farbe und Licht.

Für unsere Liebste bannen wir die *Jungfrau* auf Leinwand und spielen mit *Johannes dem Täufer*. Unser Öl ist das Wort und der Firnis unsere Treue. Doch diese Weiberbrut ist allzu erpicht auf glänzendes Geschmeide, Ringe, Ketten und Silberwerk, lässt selbst die treuesten Anhänger ihrer Religion, welche gefertigt ist aus Bett und Poesie, auf Scheiterhaufen brennen, wenn ihre Betten- und Bodenpoeten der klingenden Münze entbehren.

Der *Romancier* ohne Mittel ist ein tragischer Frauenheld!

Im Übrigen ist diejenige, die wir am liebsten haben: Schwester, Freundin, Hure, Tochter und Mutter, selbstverständlich in übertragener Bewandtnis. Die Schwester ist Nähe, die Freundin Kamerad, die Hure Weib, die Tochter uns dem Vater, und die Mutter Fürsorge und Ratgabe. Finden wir diese Kombination in einem Fleisch gewordenen Engel, dürfen wir von Gnade sprechen. *Venus* dann erweckte unsere Statue aus Licht und Poesie zu Leben.

Muse — Erlöserin

Fand die Muse bis hierhin bereits die hohe Anerkennung, welche ihrer Kraft für uns *Romanciers* gebührt. Und wenn ich ihre Bedeutung für das künstlerische Werk abermals heraushebe, dann deswegen, weil ihr Begriff der Welt der Fantastik oft zugewiesen wird, kurzum, sei die von uns Künstlern viel gerühmte Muse Utopie. Vorurteil und blasphemischer Unsinn derer, die nicht wissen. Nein, Musen sind leibhaftig, sie existieren! Ihre Kraft und souffleusische Energie sind das Benzin, das unser schöpferischer Motor braucht, um unsere Berge aus Tränen zu versetzen.

Zugestandenermaßen erschien mir selbst dieser Begriff, Allgemeinplatz zu sein, bis eine solche, nachdem ich etwa ein halbes Jahrhundert auf diesem in letzter Konsequenz wunderbaren Planeten zugebracht hatte, ein solcher *Pinocchio* über den Weg mir lief.

Denn auch die Muse bedarf der Bekehrung, die wir ihr durch unsere Kunst ermöglichen. Sie hat dieselbe große Schuld auf sich geladen wie wir *Ro-*

manciers. Ihr verzeihen wir, und sie verzeiht uns. Sie erlöst uns gleich *Wagnerschen* Lichtgestalten, aber ebenso erfährt sie Erlösung durch unsere Leidenschaft. Wir rauben die *Sabinerinnen*. Wir sind *Peter Paul Rubens* (1577 bis 1640) und *Giovanni da Bologna* (1529 bis 1608). Wir haben Barock! Barock ist gezügelte Leidenschaft. Pathos! Sie, die Muse, ist Zügel und Leidenschaft so wie wir sind Leidenschaft und Zügel!

Nicht denke ich an *Hans-Jürgen Schult* (*1939), *H. A. Schult*, und seine Muse *Elke Koska*. Halte ich doch dies für einen mit Schlauigkeit eingefädelten Werbe-Gag. Mögen andere anderer Meinung sein, ich gebe lediglich meine Meinung kund. Nein! Ich denke an *Richard Wagner* (1813 bis 1883) und die schöne *Agnes Mathilde Wesendonck* (1828 bis 1902). Auch sie war ihm Erlöserin.

Jahre später begegnete mir das zweite Weib von Gottes Gnaden. Verlor sie irgendwann aus den Augen, nicht aus dem Sinn. Sie ist, welche mich inspirierte, diese Zeilen zu schreiben. Meine Träume durchfegt sie nicht bloß seitdem. Seit jeher. Nachts wache ich auf und sie steht vor meinem geistigen

Auge, vor der bischöflichen Kathedrale, von deren Gerüste Dombaumeister *Meister Gerardus* (etwa 1210 bis 1271) zu Tode stürzte. Dom zu Köln, steinerner Kristall französischer Abkunft. Auf mich kam sie zu. Abend war es. Fort war die Sonne. Dafür brannten die gelben Laternen. Auf der Domplatte.

Zweimal traf ich sie wieder, ohne ihrer physischen Leibhaftigkeit begegnet zu sein. Flirtete mit ihr am Telefon. Schaute in ihrer Augen Wunderblicke, als an einem der ersten Januartage, bei spätem grauverhangenen Himmel, über den Totenacker sie lief, dort wo der erste Kanzler liegt, der ALTE, in *Rhöndorf, Konrad Adenauer* (1876 bis 1967).

Mathilde fand ihre letzte Ruhe, nebenbei bemerkt, in nächster Nachbarschaft zu *Robert Schumann* (1810 bis 1856) und *Clara* (1819 bis 1896) auf dem Alten Friedhofe in *Bonn*.

Walküre ist sie.

Musen sind der Wirklichkeit verpflichtet, weil sie wirklich sind, keine Ausgeburten Traum vertanzter Köpfe. Sie leben. Des anderen Geschlechtes Pendant, andere Seite der Freiheitsmedaille, die gepräget ist aus Wachs und Blut. Da mit rotem

Wachse wir siegeln unsere Liebesbriefe, unsere Romane, die wir nur für sie geschrieben haben, unsere Göttinnen des Glücks. Unsere MARIA. Denn wir sind fahrende Ritter und *sie* sind unser Heim.

Die Welt der Geister ist keine Dirne der Unglücklichen, kein Offenbarungseid der Nicht-Sehenden, kein Surrogat der nach Leben Dürstenden.

Muse ist kein Feigenblatt der Dummheit.

Nein, *Dulcinea* lebt.

Romantik — Unstillbare Sehnsucht

Was ist Romantik? Nicht unbedingt das, was das Klischee verspricht, obgleich daran vieles ist. Rhein und Sonnenuntergang, betrachtet von der Warte eines Berges, derer sollen sein da sieben an der Zahl.

Denn vielgerühmt sind diese Gänge ihrer Farben wegen. Kein Meteorologe bin ich von Berufe, doch soviel ich weiß, bedingen diese einzigartigen Farbspektren des westlichen Himmels Eifelgebirge und Regen — man sitze auf einer Bank irgendwo auf der Siebenhöh, den Blick gen Westen. Wolken brächen sich an Eifelbergen, regneten dort ab und sorgten für einen exquisiten Brechungs-Index und so fort. Wie gesagt, bin ich kein Wetterexperte. Doch solle dies für die charakteristische Chromatik sorgen, die der Wanderer in diesem Sagen umrankten Zwergen- und Heldengebirge zu Gesichte bekomme.

Um gleich aufzuräumen mit der Siebengebirglerschen Rheinromantik zwischen *Bonn* und *Bad Honnef*, eins ist unüberhörbar: Eisenbahn und Automobil. Etwa ab Mitte des 19. Jhd. verunstaltete ersteres Ungetüm der industriellen Revolution die Landschaft im Tale. Nicht nur in optischer Hinsicht, sondern eben auch in akustischer. Anwohner wissen davon ein Lied zu singen, nicht alleine unterhalb der *Sieben Berge*. Ein Lied, das ganz und gar nichts mit der vielbesungenen Romantik am Rheine zu schaffen haben will. Hier müsste eher ein Galgenlied gestimmet werden. Denke ich nur an *Haus Christine*, auf Anhöh´, über *Königswinter*, höre ich bereits jenen verabscheuungswürdigen Höllenlärm der Güterzüge, aber auch des noch vehementer an den Nerven zerrenden Automobilverkehrs, verursacht von Schnellstraße zwischen *Bonn-*

Oberkassel und *Bad Honnef*. So wunderbar der *Christinische* Blick ist, für welchen gleichnamiges Haus gelobet wird, so grässlich ist der Motorenlärm, der nach oben steigt. Ganz zu schweigen von dem, was die Bewohner unten in den Orten durchzustehen haben. Und wie sehr kaputt gebauet hat der Automoloch einstiges schönes *Königswinter* und den deutschen Märchenwald samt Ritterschloss nebst *Heckensee* und *Blauem* in *Oberkassel*? Zu Gerichte zieht man seit Jahren um Lärmschutzwälle willen. Ebenso die Optik – wie gesagt – ist dahin. Wie fürchterlich demontiert von Autostraßen-Hochgestänge, Brückenpfeilern und luftgestelzten Kreuzungspunkten sind die Bundesstraße 42 zwischen *Oberkassel, Königswinter* und *Bad Honnef*! Jeder, der der „Gnade früher Geburt" wegen diesen Flecken Erde noch im jungfräulichen Zustande kennt – ausgenommen seien die seit Jahrhunderten aktiven, heute nicht mehr betriebenen Steinbrüche – weiß, welch einen landschaftlichen Diamanten dieses Satansgespenst *marxistischer* Anklage, das Kapital – vielleicht nicht unwiderruflich – zerstört hat. Weil als Romantiker, ich glaube an die nur einstweilige Episode unserer Automobil-*société*, vorübergehend eben. Und Natur holt sich zurück, was man ihr genommen.

Kapital richtet unseren wunderbaren Planeten einschließlich Menschengeschlechts zugrunde. Um Letzteres ist es mir nicht schade. Menschen sind unverbesserlich und geritten von dem apokalyptischen Wahnsinn aus Geld und Macht, weil sie nicht sehen mögen die schönen Dinge, die uns Romantik beschert.

Verlor doch künstlerischer Schlangenbeschwörer und Bühnenrevolutionär *Richard Wagner* (1813 bis 1883) ausgerechnet hier, am *Drachenfelse*, seine Börse, wo neben Nibelungenhalle *Drachen*-Teller und *Drachen*-Wein (Drachen-Blut) ihre pekuniäre Keule schwingen. Brachte aber ein *Siegfried*-Jünger ihm dieselbe ins Wirtshaus hinterher, wo der Meister schon zu Tische saß.

Selbst habe ich noch gebadet zwar nicht in Drachenblut, nichtsdestotrotz im *Heckensee*, als dessen grünes Wasser von Laub und Nadeln umstanden ward, das Schloss nebenan (*Kommende Ramersdorf*) seinen Dornröschenschlaf schlief, obgleich Alliierten-Besatzung Unterkunft, *Königswinter* erlebte ohne hochgeführte Trasse in Beton, *Oberkassel* ohne tiefgelegte Trasse der Umgehungsstraße (B42).

All dies ist die verschwiegene Schattenseite von des Rheines Tale und seinen Gesängen. Wer aber will Kenntnis nehmen außer den Bestraften, die betroffen? Keinesfalls Gastronomie und Touristen-Rattenfang. Man lebt davon, was einst in Blüte stand. Heute Rudiment, allerdings nach wie vor beachtenswert! In dieser Hinsicht analog vergleichbar mit touristischen Magneten wie *Cannes*, *Nizza* oder *St. Tropez*. Beschworen werden Mythen der Kassengesellschaft. Fischerdörfer, *Sachs* und die *B.B.*, *Wagner's* Drachen-*Siegfried*, Löwenburgen und Petersberge. Doch noch immer vermag der Gast an des Rheines Romantik sich laben, abseits von Haus *Christine*, *Eduard-Rhein-Villa* und *Kasseler* Seen- und Felsen-Spektakulum. Oben, auf des Drachens Felsen haben Motoren von unten im Tale keine Chance. Leises Rauschen. Ebenfalls die Eisenbahn. Hier darf man genießen und die Ruinenburg bestaunen.

Doch zurück zum Thema: Was ist Romantik, jenseits von Försterstube, Schlösserzinne (*Drachenburg*) und Honigwald, hier vom *Nietzscheanischen Blick* ins Rheintal?

Romantik ist Sehnsucht nach Unerreichbarem, da sie nimmer zu befrieden ist, ähnlich der Libido, welche stets lebendig ist als Trieb sinnlicher Leidenschaft. Lediglich von kurzer Dauer ist, was sie begehrt. Im Triebe die geschlechtliche Erfüllung im Bette, im Herzen Dichtung. Flusses Felsen-Panorama — wegen mir die *Loreley* — von des Rheines Weine reichlich und eine schöne Braut. Schulter an Schulter. Anschließend selbstverständlich mit der Droschke heim — Gefangenen-Chöre, Zauberflöten und Götter-Dämmerungen!

Junger Mädchen Zauberkränze im Haar. Geflochtene Huldigungen an *Wolfgang Müller* (1816 bis 1873), Dichter vom Rheine, gebürtiger *Königswinterer*, dort am Gestade, unweit der Fähre, die mich bringe zu meiner verschollenen Geliebten, auf der anderen Seite des Flusses, wo wir einst spazierten unter dem Schirm von Zweisamkeit. Bezaubernde historische Villen. An einem Tage im Herbste, Richtung *Remagen*. Zu unserer Linken den Blick nach oben gewandt, dem *Wagnerschen* Sieben-Idyll. Burgfried (*Drachenfels*), zerfallen, mächtig und stolz trotz alledem. Dann *Petersberg´s* architektonischer Hort von Größe: Treffpunkt von Kunst und Politik. Hier unten *Friedrich Dreesen´s* (1858–1912) Rheinhotel. Ich liebte inniglich. Der Abend kam. Ach, du mein goldener Stern!

Der Dichter Worte sind blasser Abglanz nur, gefasset ins knöcherne Korsett bunten Buchstaben-Gekritzels, gemessen an des Dichters Herzensglut.

Romantik ist nicht gebunden an Wein, Weib und Gesang, so gerne am Rheine. Oder an *Caspar David Friedrich´s* (1774 bis 1848) Mönchs-Gewänder-Welten und so fort. Nein, Romantik ist Seelen-Horst, nicht gekoppelt an Werk, Bild oder Buch. Nicht gekoppelt an Bühne, orchestral mit viel Gesang. Nein, Romantik ist der Ruhepol des dichtenden Nomaden, des tippelnden Poeten, des heimatlosen Seefahrers.

Denn der *Romancier* ist nicht sesshaft!

Im romantischen Schwelgen sucht er sein Zuhause. Seine Vision ist ihm Einkehr, seine Poesie ihm

Hütte, und falls dieselbe Größe hat, gar Palast. Und selbst wenn er eine Stube fände, wo er legen könnte sein geschund´nes Haupt, nicht bleiben könnte er, müsste weiter, wieder in die Ferne, zu Wasser und zu Lande. Nicht reisen in Luftschiffen, die mag er nicht, zu sehr steckt ihm der Schock der *Hindenburg* noch in den Knochen, in Flammen aufgegangen im Mai 1937 in *Lakehurst,* etwas mehr als 100 km südlich von *New York City.*

Romantik ist ihm, dem *Romancier*, Rettungsanker für sein Steppenwolf-Gemüt, das stets unterwegs zu sein gezwungen wird. Daher dürfte er nicht schauen zurück und suchen Trost an den Gräbern seiner Lieben. Aber gerade darin liegt ihm Erfüllung: er sucht den Schlaf bei *Lilith*. Er sucht sich selbst im Sternengemurmel ihrer Flüsterstimme. Im Mohn, in der Blume, welche keine Blume ist, sondern kalter Trost. Bei ihren Rosen, auf denen er sich gebettet wissen will.

Ein unstillbarer Hunger! Ein Totenacker ohne Tote!

In der geschlechtlichen Vereinigung findet er kurzzeitige Erlösung von Qualen seiner Unendlichkeits-Sehnsucht, falls er liebt mit ganzer Brust, mit ganzer Seele, mit ganzem Fleisch und Blut. Sein Sexus ist nicht irdisch, weshalb er zu den besten Männern im Bette zählt. Weder Pornograph noch Platoniker ist er. Er ist *Romancier*. Seiner einzigen großen Liebe verpflichtet: seiner MADONNA. Auf der anderen Seite des Flusses. SENZA UNA DONNA (*Zucchero Fornaciari* *1955 / *Paul Antony Young* *1956).

Immer noch gilt meine Liebe Dir, mein Heiterglanz am Firmament!

Öffentliche Anerkennung & Prominenz

Die öffentliche Anerkennung, der Traum eines jeden *Romanciers*. Das, woran man Jahre gearbeitet und worin, wenn nicht gar sein ganzes Leben, investiert hat. Für die Viehdiebe und Wegelagerer unserer Zunft ein umso höheres Ziel, je größer die Entbehrungen und Enttäuschungen zuvor waren. Doch sind öffentliche Anerkennung und daran gekoppelte Prominenz nicht Gold. Natürlich nicht — wie ein bekanntes Sprichwort beteuert — denn es ist nicht alles Gold, was glänzt. Selbst wenn die jungen Zunftmitglieder anderer Meinung sein mögen. Doch auch sie werden im Laufe ihres Lebens, falls sie einmal diese vermeintlich seligen Gestade betreten sollten, nicht darum herumkommen, den *Gang nach Canossa* gehen zu müssen.

Öffentliche Anerkennung ist allerdings insofern erstrebenswert, als man jetzt nicht lediglich in die Lage versetzt ist, ohne Müh und Not, zumindest für den vorher Mittellosen, sich über Wasser zu halten, sondern ebenfalls über die Stränge schlagen darf. Im besten Falle verfügt man über Mittel, einen Chauffeur zu halten, gar einen Diener in Anstellung zu haben und so fort. Nachtklubbesuche gehörten dann zur Selbstverständlichkeit, an Spieltischen fände der eine oder andere der Papier- und Federschwinger sich wieder.

Aber wie gelange der „arme Poet" dorthin, dessen Träume aus Zuckerstangen und musischen Wohlfahrtsheimen erwachsen? Es gibt keine Patent-Rezeptur! Auch wenn viele damit eine goldene Nase sich verdienen, indem sie Lehrbücher verkaufen, wie die Schwester des weisen Steines zu finden sei. Fehlanzeige! Es sind wieder einmal die Götter, die unseren Weg bestimmen und nicht das: *„Wie schreibe ich einen Erfolg versprechenden Roman"*. Solche Empfehlungen entspringen stets der Märchenwelt! Der Erfolg jedweden Kunstwerks ist nicht vorherbestimmbar! Welche dieser Ansicht sind, verkennen die Eigendynamik künstlerischer Produkte.

Doch möge daraus nicht abzuleiten sein, der talentierte *Romancier* könne auf die faule Haut sich legen. Bei Weitem nicht! Selbstverständlich ist er gefordert, umso mehr, wenn er in Ruinen nächtigt, weil er von niederer Abkunft sei und seine Unterkunft nicht einen Hort von Wärme nennen darf, weil ihm das Brennholz fehle, nicht alleine in wörtlicher Hinsicht. Sahen wir doch, dass manche Weiberbrut dahin flüchtet, wo das Dummholz mit seinem nach Urin bestialisch stinkenden Portemonnaie Eindruck zu schinden versucht. Vakuum im Kopfe und unterhalb der Gürtellinie Trostlosigkeit, aber Geld! Welch Armutszeugnis für jene Weiberbrut, die diesem Geruche verfällt!

Derjenige, der zwar ein Dache über seinem Kopfe haben mochte, auch wenn durch dasselbe der Regen tropfte, aber keine gefüllte Kasse im Besitze hatte — vor allem ein solcher Repräsentant unserer Zunft — neigt dann, zu prassen, saufen und zu huren seines Nachholbedürfnisses wegen. Was er versäumt, will er nun in die Tat gesetzet wissen. Will haben, was ihm lange war verwehrt. Insbesondere *er* ist gefordert zu schriftstellern, bis der Kopf ihm raucht, weil das Qualen-Feuer der materiellen Entbehrung in ihm lodert. Zu fliehen gezwungen ist er aus seinen vom Einsturze bedrohten Wänden, sich hineinzuwerfen in die Schlacht ums Friedenskissen.

Derjenige aber, welcher aus edlem Hause stammt, ausgestattet mit allen Mitteln, ist zum Papierbekritzeln wirtschaftlich nicht gedränget. Noch bevor *dieser* prominente Anerkennung findet, kann er bereits an Spieltischen sitzen, mit schönen Frauen sich vergnügen und manche Flasche Absinth mit ihnen leeren. Doch auch *er*, der nachts in Ruhe schlafen kann, weil er nicht erdrücket wird von existentiellen Sorgen, sehnt sich nach öffentlicher Anerkennung, denn als Evangelist seiner idealistischen

Religion hat er seiner Mitwelt etwas mitzuteilen. Nein, er hat nicht nur, sondern er will es auch mit ganzer Natur, weil er *Romancier* ist! Er will dies nicht um eitler Dinge wegen! Nein, er will es aus Passion, weil er die verfluchten schönen Weiber liebt!

Ist er nun endlich angekommen dort, wohin ihn die Sirenen trieben, stellt er fest, ein Meer der Tränen zu befahren. Denn ab dann beginnt das eigentliche Martyrium. Was er vorher im Kleinen hat erleben dürfen, erlebt er nun im Großen. Man schmiedet an seinem Untergange!

Auf den Amboss zu liegen, kamen u. a. *Thomas Bernhard* (1931 bis 1989) seines Freigeistes und daran geknüpfter Spießkritik, und *Gottfried Helnwein* (*1948) seiner bizarren, aber berechtigten *Perspektive* wegen.

Dass *Thomas Bernhard* ein Kapitel für sich ist, belegen die vielen um sein Werk geführten Kontroversen, nichtsdestoweniger seine Vorwürfe gegen das spießige post-nazistische Austria nicht unberechtigt sind, eine Wunde, in welche auch *Helnwein* seinen Finger legt, indem er das nazistische Drama im Allgemeinen thematisiert.

Das genannte Kleine im Großen erleben zu dürfen, ist wahrhaftig alles andere als Ziel der Künstlerbegierde, wenigstens, was die Verfolgungssucht des wahngesteuerten Publikumes anlangt, *i. e. Stalking*. Ein bekanntes Thema, mit welchem ebenfalls Tausende papierner Seiten sich füllen ließen, doch sind an anderen Stellen sprudelnde Quellen diesbezüglich zu finden, so dass es sich erübrigt, in dieser Schrift darauf in Nähe einzugehen. Soviel sei dennoch gesagt, dass für das Opfer *Stalking* lebenszerstörend sein kann. Das Opfer nimmt den Täter mit in sein Privates, ohne dies zu wollen. Es ist der psychischen Automatik ausgeliefert.

Der Verfasser selbst war — wie unten erwähnt — einst heimgesucht von solch einem Verfolger (in weiblicher Missgestalt). Saß in meinen vier Wänden und wurde sie nicht los, zog ab meine Konzentration von der Lektüre, meiner schöpferischen Arbeit an einem neuen Buche oder anstatt einer meiner neuen Geliebten zu gedenken, wurden mein Bewusstsein, meine wundersamen Gedanken an meinen Schatz, von diesem Jenseitsdrachen okkupiert. Ein schwarzer Schatten legte sich auf meine Psyche, wurde Sklave Besitz ergreifenden Macht!

In erotischer Dimension von kaum zu überbietender Abscheulichkeit, da der Täter bis in die Intimsphäre seines Opfers einzudringen versucht, um dort sich breit zu machen, abzulassen seinen pathologischen Kot. Selbst die bloßen Blicke eines *Stalkers* kommen einer virtuellen Vergewaltigung gleich, sein parasitäres Gaffen zieht den Verfolgten in imaginärer Hinsicht aus. Diese zwangserkrankten Vampire sind sittenkriminell in unsichtbarer Dimension. Gar unseren Hausmüll krempeln sie um, um aufgrund vorgefundener Post etc. uns näher kommen zu können. Im äußersten Falle schrecken sie selbst vor Gewalt nicht zurück, drohen mit Überfall und vielem mehr.

Jenseits dessen hat unsere Zunft mit *Paparazzi* zu kämpfen, welche jagen des Geldes wegen. Auch der *Paparazzo* pirscht sich an, jagt sein Opfer mit der Schusswaffe des fotografischen Apparates und handelt demnach aus gleichem Beweggrunde wie der *Stalker*, doch eingeschränkt verdeckt, weil —

wie zitiert — das Geld ihn lockt, nichtsdestotrotz er aus demselben Holze geschnitzet ist wie sein dunkler Bruder, der *Stalker*, der jagt um der Kompensation seiner erlebnistoten Seele willen.

Denken wir an *Brigitte Bardot* (*1934), wenn sie wieder einmal eintrudelte in ihr Strandhaus in *St. Tropez*, wo *Paparazzi* in ihrer Wohnstube es sich bereits gemütlich gemacht hatten, ihren Wein tranken etc. Weshalb diese Ikone der Lichtspiele sich irgendwann einen scharfen Hund anschaffte, der dann regelmäßig die *willkommenen* Gäste biss. Der dortige Hausarzt hatte beide Hände voll zu tun.

Prominenz führt in letzter Konsequenz dazu, stets in Obhut seiner *bodyguards* zu sein, ständig unter Beobachtung zu stehen, keinen Schritt alleine machen zu können, ohne Gefahr zu laufen, Ziel eines Angriffs zu werden.

Erfolg hat seine Kehrseiten, mit anderen Worten überschattet den *Romancier* sein Dilemma: Als Erfolgloser ist er nicht glücklich, da er mit allen ihm zur Verfügung stehenden Kräften daran arbeitet, mit seinem künstlerischen Werke in die Öffentlichkeit zu treten, mit seiner Liebsten gar auf roten

Teppichen im Blitzgewitter zu flanieren. Ist er aber schlussendlich angelangt am ersehnten Ziele, ereilt ihn das Schicksal, Gefangener der *Société* mit allen daran gekoppelten Konsequenzen zu sein.

Lediglich die Stärksten unter uns sind diesem Zwei-Fronten-Krieg gewachsen, der da ist: als Erfolgloser leide ich, als Erfolgreicher fangen die Probleme erst an.

Lediglich wenige Glückliche unter der Sonne von *Pallas Athena* verscheiden in Zufriedenheit mit sich und ihrem Publikume, falls auch sie das trügerische Glück ereilen sollte, Aufmerksamkeit zu erheischen, mit ihrer Kunst in *wohltuende* Popularität zu treten.

Gesellschaftslöwe (*socialite*)

Gern sind wir gesehen auf gesellschaftlichen Empfängen, dort wo die gewogenen und bösen Zungen das Sagen haben. Gern schenkt man uns Champagner ein und Wein. Vom Feinsten, beste Qualität! Allerdings müssen wir dazu einen Namen tragen, nicht heißen „Hinz", nicht heißen „Kunz", nein, heißen „Euer Majestät", will heißen, dass wir es geschafft haben mit unserer papiernen Kritzelei.

Jawohl, Kritzelei! Denn — wohlgemerkt — sind es weniger unsere Romane, die uns zum Manne unserer Musen machen, aus uns einen Schriftsteller, als vielmehr die *Perspektive*, aus der heraus die Welt wir betrachten.

Konversieren will man mit uns, dem Nabel des schriftstellerischen Allerleis. Was wir geschrieben haben, interessiert die wenigsten auf diesen Soirées, vielmehr sind *wir* es, die interessieren. Wollen schwatzen mit uns, die feinen Damen, die mit Spitze Zigarette rauchen und Federboa tragen.

Gangsterbräute, Nackttänzerinnen und Edelprostituierte. Damen von Welt, wilde Schönheiten, mit

Feuer im Blute — keine Tuschkasten-Modelle, darunter lediglich vermeintliche Musen sind — suchen unsere Gesellschaft. Wollen hören Schlachtberichte von dichtenden Napoléons und erfahren, wie wir zu den Weibern steh´n.

Wir sind schließlich *wer* und Prominenz macht erotisch. Man nehme den Fall *Ben Becker* (*1964), berichtet dieser, als Jugendlicher alles andere gewesen zu sein, nur kein Mädchenschwarm, doch sei dies heute als etablierter Schauspieler das Gegenteil. Plötzlich findet ihn die Weiberwelt unwiderstehlich! So ist die Weiberwelt: Geld, Macht und Ansehen lassen sie dahinfließen gleich einem Strome falschen Goldes! Oder vielleicht nicht? Ja, doch nicht! Denn Geld, Macht und Ansehen machen die meisten *Romanciers* charmant und verleihen ihnen Majestät. Gibt es nichtsdestotrotz solche, welche über Geld, Macht und Ansehen verfügen, der Charme ihnen doch verweigert ist. Ihnen fehlt es an Poesie. Streunen aus mit Sternchen, wir aber streunen aus mit Sternen, mit den *femmes fatales* der Szene.

Wir können erzählen aus dem Nähkästchen unseres mitunter verkorksten Lebens, von der Schlittenfahrt unseres Schicksals, das wir uns nicht ausgesucht. Er bzw. sie hört uns gerne zu, will mitgenommen werden auf die Reise in das schillernde Universums eines Clowns, hören das hohe Lied der Freiheit, erleben die Helden im abendlichen Sonnenuntergange. Denn sie, unsere Musen, träumen von Männern aus ihrer Bilderbücherkiste, aus ihrem Theater aus Lug und Trug. Lug und Trug? Nein! Kein Lug und Trug, sobald *er* erscheint, der mit Rubinen spielt und seine Romane seine Kinder schimpft. Denn *er* ist es, der sie herausführt aus dem Tal der wandelnden *Schimären*. Wenn unsere Musen ihrem Dichter begegnen, verwandelt sich ihre Lüge in Wahrheit. Wir bringen ihr Drehbuch auf die Bühne. Wir inkarnieren *ihren* Roman. Wir entführen sie ins Land wieder auferstandener Schneewittchens und winken mit dem Tränentuch ungelebten Lebens. Gerne hören wir auch *ihnen* zu, unseren Verehrerinnen der dichterischen Vorstellung. Denn sie sind unsere Souffleusen!

Die Männerwelt schmückt sich mit uns, hält etwas auf sich, muss kennen, wer bekannt ist, politisches Querfeldein austauschen, Anteil nehmen an der hohen Kunst. Man will sich sonnen in des Dichters Ruhmes Flut. Sie will unsere Gunst gewinnen um ihres Machterhaltes willen. Wollen sein am Puls der Zeit, um nicht ihrer Schiffe Brüchigkeit zu leiden, obgleich die wenigsten ihrer unserer Werke würdig sind, geschweige sie verstehen. Vergleichbar mit den für sie „enigmatischen" Gemälden etablierter Maler, mit denen sich Großindustrielle und Politiker so gerne schmücken. Viele Exemplare dieser männlichen Spezies, Schaumschläger der oberen Zehntausend, sind bloße Parvenüs von Moral, Kultur und Geschmack. Das muss nicht heißen, dass sie neureich seien. Es ist die Haltung, in diesem Falle die Dummheit, ein charakterliches Phänomen, das nichts zu tun hat mit Bildung oder Standesklasse. Doch neigen gerade die eigentlichen Parvenüs, die Neureichen, dazu, durch Vulgarität, Protzerei und Geschmacklosigkeiten von sich Rede zu machen. Weshalb ich persönlich, obgleich das Automobil mir suspekt ist, den *Jaguar* zu fahren vorziehe. *Understatement* ist meine Devise.

Doch dass wir bekannt, in aller Munde sind, verschafft uns Ehre, mit uns zu reflektieren.

Wehe, wenn wir noch Grassuppe fressen müssen, *i. e.* keinen Namen haben, sind wir zwar keine Löwen, dennoch kleine Katzen, aus denen Löwen werden können, um eintreten zu dürfen ins Lichterlustgeplänkel der Eitelkeiten. Sitzen zunächst einmal am Tische mit den *Picassos* in *Montmartre*, trinken Fusel aus Blumenvasen und werfen bereits hier ein Auge auf die Schönste aller Schönen, die Kunst!

Künstler sind wir erst, wenn wir Erfolg verbuchen, vorher sind wir bloß Anwärter auf den höchsten Thron, obgleich aus gleichem Holze geschnitzt, der besonderen Perspektive wegen.

Wein — Trösterin & Seelenglas

Alle sind wir verfallen dem Geist, der aus der Flasche steigt, ich meine dem Weine. Manche gar gehen darüber hinaus und sind dem Absinthe verfallen, schneiden sich die Ohren ab, malen *Dorianische* Bildnisse und kämpfen gar mit Stieren in der Hitze eines spanischen Nachmittags. *Van*

Gogh (1853 bis 1890), *Oscar Wilde* (1854 bis 1900) und *Ernest Hemingway* (1899 bis 1961).

Wenn wir verlassen, alleine sind, verloren zu sein scheinen. Wenn auf unserem Fuße der Tod folgen sollte, wir uns erbrechen in Eimern aus Zink, und ein Nebelkerzenherz in Strömen weint, spendet dieser Geist uns Trost. Bevorzugt ist es der Rote, in der Schale seiner Beere sich dieses Phantom versteckt, das uns ein Seelenkissen ist. Das uns das Blut zu Klumpen fügt, damit daraus ein neues Bauwerk erstehe, das Tor zu einer neuen Seelenkammer sich öffne, darin wir wieder unsere Flügel spannen dürfen, um neue Himmelskörper zu erkunden. Der Rote ist unser Wunderarzt, vertreibt Gespenster aus gespensterlosen Zimmern, weil wir es sind, die die Stuben fluten mit Teufelsfratzen und falschen Engelsmasken.

Wein ist das Wasser, das wir brauchen, um durch diese Wüste, die die meisten Leben nennen, hindurch uns schlagen zu können zu neuen Horizonten, Oasen des Glücks. Denn nur das Glück ist wahres Glück, ist Leben. Ohne Glück ist Leben Maschinengeratter, im schlimmsten Falle *Eiserne Jungfrau*, *Spanisches Pferd* oder *Pfahlhängen*.

Wahrliches Glück ist vergleichbar mit dem Auffinden eines großen Klumpen Goldes — so banal dies klingen mag! Der Leser möge an die Brust sich fassen und gestehen: Wann war er das letzte Mal von wirklichem Glücke beseelt?

Das, wovon wir seit Ewigkeiten träumen, nimmt Gestalt, beginnt zu formen in Materie sich. Aus dem Lehm der Bitternis wird Gnade. Ihr sind wir begegnet, unserer größten aller Großen Lieben, unserem Glücke, gefunden — nicht wahnfantasiert! — und *erfunden*, weil wir romantisch sind, und doch wahrhaftig, weil die Romanze mehr als nur Romanze ist, weil unsere Traumgestalten die Steine tragen, mit Hilfe derer wir unsere *Notre Dame* errichten, weil wir *Quasimodos* sind. Es ist Sehnsucht, die unsere Liebe schafft, und unsere Braut ist der weibliche *Dorian Gray*. Unsere Liebe ist die Projektion, welche Wirklichkeit gebiert, sobald wir gefunden haben Leinwand und Modell. In ihr, die uns irgendwann verlassen wird — weshalb wir dann verstärkt zum Roten greifen — sehen wir die unendliche Weite des Kosmos gespiegelt, weshalb wir sie lieben, diese verfluchte Weiberbrut! Sie ist Brücke zu den Sternen, zugleich Brücke ins Verderben.

Doch der Genuss des Roten ist nicht nur Arznei! Der rote Traubensaft in uns ein Lied entfacht, das segensreich uns in die Tiefe unserer Seele blicken lässt. Innere Schau! Weissagung! Schwelle zu den Träumen, welche nichts anderes sind als kinetische Skripte unserer Vorsehung. Wir werden Voyeur unseres und anderen Lebenslaufs, stehen hinter *Venezianischen Spiegeln* und sind bisweilen erschrocken über das, was wir zu sehen bekommen, manchmal aber auch erfreut über erbauliche Ereignisse der Zukunft! Wir erfahren Antworten auf das „Warum" der Vergangenheit, wissen zu entschlüsseln das „Weshalb". Der Geist des Weines erzählt uns seine Geschichten, er ist *Vater Rhein* mit seinen Töchtern *Ahr* und *Mosel*. Vom Gipfel des Drachenfelsens, an einem Sonnennachmittag, schauen wir auf diesen Vater, wie in seinem Wasser der goldene Planet sich spiegelt, während Lastkähne ihre Frachten treiben. Es ist Sehnsucht! *Richard Wagner* (1813 bis 1883) war hier und ich saß in der *Siegfried*-Kanzel!

Einsamkeit

Einsamkeit, die schwere Last, dass Fass des nicht entlohnten Küfers. Wenn wir ohne Weibe sind, darüber hinaus noch ohne Ruf, neigen wir dazu – selbstverständlich sollten wir in diesem Falle die Finger von der Flasche lassen – Zuflucht zu nehmen zum stillen Kämmerlein. Um mitunter die eine oder andere Wunde uns zu lecken, gleich einem Hunde, der verstoßen zu sein vermeint von Welt, die dort draußen dreht. Doch dabei sind wir es selbst, die Reißaus nehmen, das Niemandsland der toten Hoffnung suchen. Falls wir – obwohl noch ohne Namen – als Genie uns sehen und es wahrlich sind, flüchten wir gerne vom geschäftigen Getriebe. Denn Oberfläche und der Halunken Müßiggang sind nicht unser Geschäft. Lieber verbringen wir alleine anstatt mit Taugenichtsen, Lumpenpack und anderem Gesindel herumzutreiben uns, nur um einer Gesellschaft willen.

Ausgenommen, ein *Michelangelo Merisi* (1571 bis 1610), ein *Caravaggio*, sei an Bord, Meister der Heiligen und Huren. Waren doch seine weiblichen Modelle, *Lena* und *Fillide Melandroni*, Freudenmädchen. Denn Heilige und Huren verehren auch wir.

Und dummes Volk können wir schwerlich nur ertragen, weshalb wir lieber in der Bücher Weisheit lesen und die Pforten des Alleinseins hinter uns schließen. Die wahrhaft bessere Gesellschaft ist unser Brot und die visuelle Passion der Frommen unser Wasser. Nicht sozialer Freudenschmaus an Tischen, wo die Einfalt schwitzt und trinkt. Nein, bevorzugen des stillen Turmes Wendeltreppe und lauschen der Glocken süßem Klang, beten derweil zu *Maria*, damit sie uns erhöre, bevor wir zugrunde gehen vor lauter Einsamkeit. Möge unsere *Dulcinea* kommen, oder uns ereilen ein dem Männerkopfe entflohener Disput. Die Tiefe ist unser Seelenrad, nicht die seichte Rinne. Schließlich versprachen wir, Indien zu finden! Ziehen das Alleinsein allzu klugen Beflissenheiten vor. Oder laufen durch Wälder, über Äcker und Wiesen, bei Regen und bei Sonnenschein. Hier sind wir ganz Philosoph, sinnieren über Gescheites, erdenken uns ein neues Weiberherz nach all dem Schmerz verschmähter Liebelei. Entwerfen Konstruktion, den literarischen Eifelturm, für unser nächstes Buch, wohlgemerkt Konstruktion, nicht den Roman als solchen. Den flüstern uns unsere Musen zu. Führen uns der roten Rebe Flaschen vor Augen, die wir dann in Bälde leeren, wo wir unser Lager haben.

Einsam aber sind wir nicht, nichtsdestotrotz allein!

Einsam ist das blutend´ Herz, das ohne Liebe
Einsam der Dichterfürst, der ohne Heimat
Der Mann ohne Bleibe

Déborah de Robertis
„Schlangenbeschwörerin des Ursprungs"

Was bewegt eine *actrice,* vor Meilensteinen der Kunstgeschichte zu exhibitionieren? *Déborah de Robertis* (*1984) brachte es 2014 fertig, vor *Gustave Courbet´s* Gemälde *L' Origine du Monde* von 1866 im Pariser *Musée d' Orsay* — ehemaligen Kopfbahnhof, architektonisches Exponat anlässlich der Weltausstellung 1900 — in Sitzstreik zu gehen, ihr

Paillettenkleidchen hochzurafffen und ihre Scham zu zelebrieren.

Es geht mir nicht um die kunst- und kulturgeschichtliche Einordnung solchen Verhaltens, sondern um den *psychischen Befindlichkeitsrahmen*, den *frame of mind*, wie im Vorwort verlautbart.

Geistesgeschichtlich lässt sich alles einordnen, selbst der größte Firlefanz findet stets eine kritische Klaue und einen apotheosierenden Kommentar, um vermeintliche Größe groß zu schreiben und zu reden. Lautgedichte, in der Tat vollgeschissene Leinwände— keine Lüge! — und Monochromie in sämtlichen Schattierungen sind m. E. nur dilletantisch inszenierte Revolutionen der Ästhetik. Nichtsdestoweniger mögen diese Produkte dazu beitragen, den künstlerischen Kosmos zu weiten, indem deren Urheber denselben hinterfragen. Aber gewonnen für die Ewigkeit haben sie damit nichts. Keine bleibenden Werte. Wahre Werte sind unvergänglich. Doch ist dieses ein anderes Thema.

Auf jeden Fall provozieren solche Nacktaktionen — zählen dazu auch diejenigen von *Milo Moiré* (*1983) — gar noch heute Aufmerksamkeit. Nackt geht immer, ist konjunkturell nicht tot zu bekommen. Gerade von unserem Musengeschlecht sind dies gern genommene Vorführungen. Ohne Zweifel. Das Weib ist für diese Rolle wie geschaffen, nachdem der letzte große Bildhauer männlicher Gewalt und Schönheit, *Michelangelo di Lodovico Buonarroti Simoni* (1475 bis 1564), von uns gegangen ist. Seitdem feiert man zuvorderst den Leib des Weibes.

Das Nackte, heutzutage in erster Linie das weibliche, appelliert an die Libido beiderlei Geschlechts, dem wir uns nicht zu entziehen vermögen. Es ist der Trieb, der erregt die öffentliche Aufmerksamkeit, weshalb nackte Weiber immer eines Hinguckers wert sind, deren Entblätterungen die Bekanntheit beflügeln. Sagte mir doch ein Schriftsetzer vor mehr als drei Dekaden, man müsse irgendwo in der Mitte der Stadt ein Feuer bloß entfachen, sich ausziehen und da rumherum tanzen wie Rumpelstilzchen. Das genüge vollends, um beachtet, sprich bekannt zu werden. Und das selbst noch heute, wo wir doch schon einiges gewohnt sind seit falsch verstandener sexueller Befreiung. Nein, es ist dem Trieb geschuldet, und derselbe stirbt nicht aus – *sexus* verkauft stets!

Mag Vorstehendes nichtsdestoweniger im Kalkül von Mademoiselle *Robertis* gelegen haben, ist meiner Auffassung nach ihr eigentlicher Beweggrund ganz anderer Natur. Theorie und Praxis sind die beiden Flügel einer Schere. Leichter gesagt als getan. Denn weshalb praktizierte jener erwähnte Nacktaktionen-Theoretiker nicht selbst seine Philosophie, steckte ein paar Zweige irgendwo auf einem Marktplatze in Brand und spielte die Rolle der Märchenfigur, hier in entblößter Fassung, aus *Grimms* Sammlung? Sicherlich war die Hemmschwelle zu hoch, aber zuvorderst, weil ihm die Einstellung fehlte, oder um mit meinen Worten zu sprechen, der *psychologische Befindlichkeitsrahmen*. Und genau das ist der Dreh- und Angelpunkt.

Ein Schuss Exhibitionismus gehört selbstverständlich inklusive. Dennoch ist es die seelische Brücke zwischen *Gustave Courbet* und Museums-Publikum, auf welcher *Déborah Robertis* schreitet in ihrer nicht angekündigten Performance MIROIR DE L'ORIGINE. Sie vermittelt zwischen Maler und

Leinwandbetrachter, weil die *Robertis* über den Schlüssel verfügen dürfte, der das Tor zu dieser Brücke öffnet. Es ist eben die besondere *Perspektive* des *Romanciers*, hier desjenigen im erweiterten Sinne, welche aus ihr einen Freudendämon macht, eine *Lilith*. Als *Lebendes Bild* spricht sie mit *Courbet* und Publikum über den „Ursprung der Welt". Obgleich nicht Thema hiesigen Kapitels, ganz in der Tradition der *Fluxus*-Aufführungen von *Joseph Beuys* (1921 bis 1986).

Sterben wir aus ?
Profit-Religion *versus* Human-Kultur

Aussterben tun wir zwar nicht, doch ist unsere Zunft im Schrumpfen begriffen. Das Kapital regiert. Niemand möge der falschen Annahme anheimfallen, die Verlegerwelt wartete auf den *Romancier*. Nein, ganz und gar nicht! Das Gros der Verleger wartet auf den Klingelbeutelschwinger, *i. e.* der ihnen die Taschen vollstopft mit verkaufsträchtigem Papier. Keinesfalls dreht es sich − bis auf wenige Ausnahmen — um Papier aus den Händen eines *Romanciers*, vom Kaliber eines „schreibenden" *Marco Polo* (1254 bis 1324) oder „schreibenden" *Horatio Nelson* (1758 bis 1805) oder „schreibenden" *Roald Amundsen* (1872 bis 1928). Ständen solche schreibenden Abenteurer vor der Verlegertür, schickte man sie nach Hause mit dem Rate, erst einmal eine schriftstellerische Kaderschmiede zu besuchen.

Was Interesse schürt, woran die breite Masse Gefallen findet, gepaart mit Trend. Vor nicht allzu langer Zeit waren es Geschichten aus dem Reich der Vampire und immer wieder pseudo-erotische Literatur. Der Schreiberling hat nicht nur breit gestreute Erwartungen zu befrieden, sondern ebenso aktuelle Moden zu „echoisieren", kurzum als Dienstleister von Mittelmäßigkeit zu fungieren. Wer liest *Fjodor Michailowitsch Dostojewski* (1821 bis 1881), wer *Nikolai Wassiljewitsch Gogol* (1809 bis 1852), wer *Victor Hugo* (1802 bis 1885) und so weiter und so fort?

Die Dominanz des Kapitals nimmt der Kultur ihre Qualität, treibt Raubbau am Edlen und Schönen, nimmt dem Menschen seine Würde und schickt ihn in die Vereinsamung.

Einfältige Kultur schafft geistige Leere und damit soziale Kälte.

Der *Romancier* kommt nicht umhin, der viel verschmähten Kultur, meinem Verständnis nach der *gehobenen* Kultur — denn der Begriff ist wertneutral, schließt Trivialität mit ein — ihre Wertigkeit zurückzugeben, *i. e.* in *den* Rang dorthin zu heben, wo sie hingehört.

Literatur sollte den Leser bereichern, ihn moralisch erbauen, statt Traum-Panoramen zu entwerfen, an denen er nimmer wird teilhaben.

Auf diesem Niveau übt Trivialliteratur kompensatorische Funktion aus, schenkt dem Leser trügerischen Trost, weil es Flucht-Utopien sind, schiere Burgen aus Sand, wird Kunde auf dem Sentimentalitäten-Strich scheinheiliger Verführungsversprechen. Der »Röhrende Hirsch« als ABC.

Hier ist Belletristik Betäubung, weil sie nicht einlöst, was sie verspricht. Die geschilderten Panoramen brechen in sich zusammen, sobald der Leser das Buch aus den Händen legt, analog dem Nachlassen der Wirkung eines Rauschgiftes. Gerade das nicht einlösbare Versprechen der Trivialliteratur steigert die Einsamkeit, das Gefühl des Verlorenseins, weshalb man zum Buche griff.

Zu meiner Zeit nahmen die Mädchen Zuflucht zu Liebesromanen Marke „Dr. Weißkittel", zu *„Der Landser"* die Jungen.

Ein mir bekannter Soldaten-Sprössling hielt mit zitierter *Landser*-Lektüre seelisch sich über Wasser, als Erwachsener mit Alkohol.

Sein Vater war im Übrigen *Stuka*-Pilot gewesen. Wurde verfolgt von einem feindlichen Jäger. Die Situation schien aussichtslos, als der Deutsche geradewegs auf den *Erpeler* Felsen (rechts-rheinischer Felsen jenseits *Remagen*) zuflog und kurz bevor es zum Abschuss des Deutschen gekommen wäre, derselbe seine *Stuka* nach oben riss und der feindliche Verfolger an der Wand zerschellte, in einem Meer aus Flammen.

Geistloses Liedgut, Gaukeltheater mancher Fernsehformate dienen dem gleichen Zwecke.

Verdummungskultur führt in die soziale Öde, entzieht der zwischenmenschlichen Verständigung ihre eigentliche Aufgabe, nämlich dem Gegenüber das Gefühl zu vermitteln, nicht „nackt zu sein unter Wölfen".

„Bunker-Architektur", dreidimensionale Facette von Kultur, schafft Isolation und verroht ihre Bewohner. Architektur aus dem Baukasten von Profitreligion kostet der *société* immenses Steuergeld, da in ihrem Umfelde soziale Brennpunkte provoziert werden, deren Bekämpfung von der Allgemeinheit hohe Ausgaben abverlangt. Die von Kapitalsucht gebaute Verarmungs-Architektur zeichnet sich mit verantwortlich für die Vereinsamung ihrer Bewohner und schafft im schlimmsten Falle den Nährboden für Depression und Jugendkriminalität.

Ästhetik und Ökonomie bedingen gegenseitig. Ein Axiom, das unsere Raubritter-Gesellschaft um der vermeintlichen Rendite willen nicht zur Kenntnis nimmt und nicht nehmen will, aber von höchster Brisanz ist!

Man betrachte die Anonymität in „kalten" Wohnblöcken. Der Nachbar kennt den Nachbarn nicht. Irgendwann schreitet die Feuerwehr ein, bricht die Türe auf und birgt einen Toten.

Zuhause bin ich in einem zweigeteilten Dorf, einerseits ist da der organisch gewachsene Kern mit altem Fachwerk und geschmackvollen Häusern, andererseits der künstlich geschaffene Teil mit vielen Neubau-Klötzen. In jenem pflegt man das Gespräch, in diesem geht man sich aus dem Weg.

Dort, wo die „kulturelle Atmosphäre" stimmt — hervorgerufen durch eine auf das Gemüt positiv einwirkende Strahlung — finden Menschen zueinander, werden Geschäfte getätigt, kommt es zu bereichernden Synergie-Effekten jedweder Art.

In dieser Diskussion geht es nicht ausschließlich um Produkte im üblichen Ausstellungs- und Vorführungsraum wie etwa Galerie oder Museum, Kino oder Fernsehen, Theater oder Konzertsaal, sondern um „konstruktive Kultur" im Allgemeinen. Kultur, welche in das soziale Miteinander eingreift, schlichtweg um die Anhebung aller Bereiche des täglichen Lebens auf ein menschliches Niveau. In der Hauptsache betroffene Stätten sind Arbeit, Wohnung, Freizeit und Verwaltung.

Human-Kultur ist Voraussetzung für eine florierende Ökonomie. Denn — wie zitiert — sind Kultur und Ökonomie die beiden Seiten derselben Medaille. Je höher das kulturelle Gütesiegel aller gesellschaftlichen Sektoren, umso größer deren wirtschaftlicher Nutzen.

Nochmals, Kunst und Kultur sind nicht beschränkt auf den musealen Bühnenturm!

Kultur in diesem Verständnis beginnt im attraktiv gestalteten Treppenhaus, in der freundlich gestalteten Straßenbahn, auf dem einladenden Gehsteig ohne Automobil-Hindernis und so weiter und so fort.

Es bedarf einer ästhetisch definierten „Wohlfühl-Atmosphäre" und nicht eines von Profit-Denken gesteuerten und deshalb in humanitärer Hinsicht feindlichen Milieus.

Die Geldgier sorgt für die Schließung der Werkstätten, wo der *Romancier* Pinsel, Meißel und Feder schwingt. Denn auch er arbeitet mit an der *Beuysschen* Plastik, an der SOZIALEN PLASTIK im *christlichen* Sinne.

In Bezug auf den *Romancier* im engeren Sinne, *i. e.* den *berufenen* Schriftsteller, darf man davon ausgehen, dass derselbe fortschreitende Arbeitslosigkeit erleidet, da in den Lektorats-Stuben der Popanz kapitaler Verführung und daran geknüpften Trivialstrebens seinen Einfluss geltend macht.

Der *Romancier* stirbt zwar nicht aus, ist aber gezwungen, seinen Gürtel enger zu schnallen.

Kommentierender Rückblick

Wir nahmen zur Kenntnis, dass das Schaffen des *Romanciers* kein gewöhnlicher Beruf ist. Denn um denselben ausüben zu können, muss er als Künstler geboren sein. Sicherlich kann ein jeder kreativ arbeiten und gar kommerziellen Erfolg erzielen, doch wer klassische Werke hervorbringen will, muss über das Blut seiner *auserwählten* Kollegen verfügen.

Ein *Romancier* im engeren Verständnis bedarf des Kontaktes mit den musischen Quellen der Poesie in Worten.

Seinen GLÖCKNER VON NOTRE DAME schrieb *Victor Hugo* nicht nach Lehrbuch oder irgendeinem Regelwerk für Möchtegern-Literaten. M. E. holte *Hugo* diesen Roman aus seinem Unbewussten, wobei das Vorbild für *Esmeralda* seine Liebe zu *Juliette Drouet* (1806 bis 1883) gewesen sein dürfte.

Meine eigenen Romane fliegen mir zu, ich schreibe blind, ohne intellektuelle Aufsicht, ohne Kontrolle durch den Verstand, so eine Art *écriture automatique*. Abgesehen davon, dass ich mir nicht vornehme, diesen oder jenen Roman überhaupt zu schreiben. Die Figuren treten von selbst an mich heran, sind plötzlich da und beginnen, mit mir zu sprechen. Die Hauptfiguren stehen neben meinem Sekretär und benehmen sich auf vielfältige Weise, während ich ihnen beobachtend und zuhörend folge, um das Ganze sofort in Dichtung zu fassen. Selbst die Geschichten, das, was man unter einem Plot versteht, sind nicht Ergebnis vernünftelnder Erfindung. Zu Anfang meiner Niederschriften treten Akteure auf mit bestimmten Namen, die Bestimmtes im Schilde führen, und ich frage mich all die Zeit dann über, wer die Darsteller eigentlich sind und weshalb sie all die Dinge tun, die sie tun, um am Ende die Antworten zu erhalten. Die Auflösung der Geschichten erfolgt *erst* am Schlusse des Schreibvorgangs, die Augen öffnen mir dann meine Musen und dann habe ich verstanden. Die Romane sind in mir vergraben, ich brauche sie nur auszubuddeln.

Niemand kann mir weiß machen, dass Weltliteratur nicht nach ähnlichem Prinzip entstünde. Sicherlich greift man ein, hier und dort, während des Federschwingens, doch ist dies bloß der Oberfläche verpflichtet. Im Nachhinein überprüft man, verbessert die und die Stelle usw. Die Substanz aber, der Nukleus des Kunstwerks, ist Ausfluss der inneren Schau, Ausfluss der Welt der Ideen.

Daher ist *Romancier zu sein* Berufung, denn er muss als Dichter einen Draht haben zu jener Welt, wo die Träume geflochten werden, zur Welt der Helden, Götter, Musen und Fabelwesen.

Romancier zu sein allerdings ist eine Herausforderung, welche nicht jedem anzuwünschen ist. Denn gerade weil er mit der Welt des Unsichtbaren kommuniziert, daselbst zu blicken vermag in die Zukunft, sprich über das *Zweite Gesicht* verfügt, hat er viel zu tragen, eine Last, die nicht jeder zu schultern vermag. Viele sind mit ihrer aufgezwungenen Rolle als Seher überfordert und verglühen zu schnell.

Nicht nur die Gabe der Prophetie behindert sein Leben, gleichfalls die Intensität der Empfindung: ganz nahe zu sein am Puls allen Geschehens, überschüttet zu werden von Tonnen von Herzens-Impulsen. Grausame Nachrichten aus aller Welt ereilen ihn in Tränenflut. Dass ihn seine Muse verlassen habe, erfüllt ihn mit Todessehnsucht usw.

Er ist Getriebener des Abgründigen, aber genauso *vice versa, i. e.* von erhebender Art, was die Sonnenseiten seiner Natur anlangt: empfindet jede Liebe als die höchste, jeden Sonnenstrahl als den wärmsten.

Er ist Getriebener zwischen *himmelhoch jauchzend* und *zu Tode betrübt*, ohne deshalb gemütskrank zu sein, wie die psychoanalytische Lehre dies von ihrem hohen Rosse allzu gern verkündet. Irrtum! Es ist *seine* Natur und Natur ist *natürlich* und nicht krank!

Nein! Krank sind Psychologenköpfe, die solches behaupten! Nicht der Künstler, der *Romancier*, ist verkehrt, sondern das soziale Milieu, in welchem er zubringt.

Zudem bin ich wenig überzeugt von gewollter Seelenklempnerei in punkto Künstlertum, da Menschen *von Geburt an* verschieden sind, *i. e.* Individuen — auch wenn Einflüsse seitens Mutterleib-Erlebnisses und Geburt-Abenteuers in Rechnung zu stellen sind. Gott schuf jeden Einzelnen von uns gemäß beabsichtigten Plans, den ich Charakter nenne. Fällt darunter auch der Charakter des *Romanciers*, der denselben *a priori* sensibilisiert für gewisse Dinge, deren Nachdruck sich spektakulär äußert wie bei *Déborah de Robertis* (*1984), ruft man gleich nach dem psychoanalytischen Seziermesser. Der Mensch ist schlicht und ergreifend keine *tabula rasa*, wenn er auf die Welt kommt! Angeborener *a-priori-Charakter* zuzüglich *pränataler* (im Mutterleib), *nataler* (den Geburtprozess betreffend) und *postnataler* (nach der Geburt) Prägung sind die Eckpfeiler menschlicher Existenz. Bspw. Aktionen der *Fluxus*-Bewegung sind meines Dafürhaltens, wenn nicht in erster Linie erlebnisbegründend — ob *pränatal*, *natal* oder *postnatal* — größtenteils zurückzuführen auf eine angeborene Charakter-Position: *Gottfried Helnwein* (*1948) mit seinen beiden Aktionen (Wien 1976) ALLZEIT BEREIT sowie CAFÉ ALT, *Hermann Nitsch* (*1938) mit seinem MYSTERIEN-THEATER usw.

Psychoreparatur dürfte dort sinnvoll sein, wo aufgrund von Traumatisierung — ob *pränatal* im Mutterleibe etwa durch Ungewolltsein (Abtreibungswunsch der Mutter), *natal* während der Geburt durch medizinische Komplikation (temporär zu lange im Gebärkanal) oder *postnatal* nach der Geburt (bspw. durch Missbrauch) — Linderung für den Patienten zu erwarten ist.

Aber sollte der Seelenklempner seine Finger von Dingen lassen, die er nicht versteht. Das vermeintliche Anderssein des *Romanciers* — ist derselbe doch ein Mensch wie jeder andere, nur mit dem Unterschiede, über Fähigkeiten zu verfügen, welche latent in jedem angelegt sind — durch unterstellte Störung erklären zu wollen, bestätigt nur den bourgeoisen Geruch der Lehre und ihrer Verfechter. Mit anderen Worten, Künstler gehörten in die Anstalt, hier vielleicht weniger der *Romancier* im engeren Sinne, *i. e.* der Schriftsteller, als vielmehr der *darstellende* Künstler. Denken wir an *Klaus Kinski* (1926 bis

1991) oder *Christoph Maria Schlingensief* (1960 bis 2010). Verbal plakatiert wird der Allgemeinplatz vom *Genie* und seinem *Wahnsinn*.

Gerieben zu werden zwischen Glücklichsein und Melancholie ist *Slawisches* Pendel. *Russische* Seele und *italienisches* Blut oder *russisches* Blut und *italienische* Seele.

Grund, weshalb er, der *Romancier*, Gefahr läuft, nicht verstanden zu werden, und damit einher gehen Verachtung, Ablehnung und oft Nachstellerei. Dieses *ganz oben* und *ganz unten sein*, doch ohne Mittelmaß, hinterlässt Spuren in seiner Physiognomie, tritt in Erscheinung in seinen Blicken, ruht sich aus auf seinen Lippen, findet Gefallen an seinem körperlichen Habitus, in der Art und Weise, sich zu kleiden und so fort. Schlichtweg, der *Romancier* ist aufgrund seiner inneren Beweggründe eine exponierte Erscheinung, er hat das, was man als *Charisma* bezeichnet.

Aber ist *Charisma* eine fixe Projektion! Es gibt kein *Charisma*! *Charisma* ist das, wofür das Publikum keine Erklärung findet. Es ist nicht etwas, das uns gegeben ist, keine verliehene Eigenschaft von oben, sondern bloßer Ausdruck, bloße Form dessen, was uns *Romanciers* tatsächlich charakterisiert, was uns ausmacht: Unser romantisches Herz!

Mein Vater hatte starkes *Charisma*, und ich weiß weshalb! Er war Pirat, wie *Helmut Berger* (*1944) Stammesfürst war, obgleich verhurt und versoffen. Warum nicht? Spielte er doch *Ludwigs* König mit Bravour!

Charisma eines Mannes ist, was Frauen ohne Rückgrat und Achtung vor der Person dazu treibt, bevorzugt Künstlern nachzustellen, mit schamloser Manier. Meine „Jägerin", die kaputte Klette, pflegte sich wortlos aufzustellen gleich einem *Lebenden Bilde*, auf mich zu warten und mich dann anzustarren mit Ausziehblicken. Der *Romancier* ist Opfer der Verfolgung, erst recht, falls er prominent ist.

Ein weiterer Sargnagel!

Aber genauso *vice versa*: *Charisma* ist das, was „gesunde" Frauen an uns lieben!

Der *Romancier* wird hineingeboren in jede Schicht, ob „*ärm oder risch*", um *Wolfgang Niedecken´s* (*1951) Worte aus anderem Zusammenhange zu zitieren, wenn er das vermeintlich *Gelobte Land* beschwört, den Mythos AMERIKA (1996).

Seine Abkunft hat der *Romancier* sich nicht ausgesucht!

Glücklich jene, die der *upper class* entstammen, wenigstens was deren existentielle Situation anlangt. Sie dürfen schreiben, ob überhaupt und wann es ihnen gefällt. Sind nicht angewiesen auf kargen Lohn eines Lesepublikums.

Der in geringen Einkommens-Verhältnissen lebende *Romancier* hingegen wird schuften müssen, bis der Schweiß ihm von der Stirne tropft. Insgeheim hofft er, seinen Klingelbeutel füllen zu können mit seiner Hände Arbeit. Er ist *angewiesen* auf Erfolg, aufgrund von Geldesnöten, im Gegensatz zu seinem besser gestellten Kollegen mit Nobelkarosse und Zylinderhut. Doch auch dieser, der auf Rosen gebettet ist, sehnt sich sehnlichst nach Erfolg, gleichwohl nicht aus monetärem Interesse.

Sofern dieser Rosenkavalier des künstlerischen Erfolges entbehrt, leidet er bloß in einfacher Hinsicht. Sein Kollege von unten leidet dafür in zweifacher: seiner künstlerischen Erfolglosigkeit inklusive

Mittellosigkeit wegen. In Paraphrase: Vermag der *upper-class-Romancier* keinen Erfolg zu erzielen, übermannt ihn Depression. Dasselbe gilt für seinen Leidensgenossen, den *lower-class-Romancier*, dessen Depression zusätzlich geschürt wird durch seine Bettelarmut.

In letzter Konsequenz vereint uns *Romanciers*, unabhängig vom sozialen Lager, woher wir kommen, das Willens-Band, unserer Mitwelt Mitteilung zu machen von dem, was wir als Seismographen und Propheten in jedem Belange sehen. Ein Muss! Uns *Romanciers* ist eine Aufgabe zuerteilt, ob wir wollen oder nicht! Durch das Höllentor der Erkenntnis sind wir verurteilt zu gehen! Wir müssen an „Schmitz Backes vorbei" (ehemalige Bäckerei Schmitz in der Severinstraße), wie der *Kölner* sagt.

Weshalb ist der *Romancier Romancier*, oder, um auf die Eingangsfrage zurückzukommen, weshalb kann ich kein *Romancier* werden?

Der *Romancier* ist *Romancier*, weil ihn seine Musen lieben, und eben diese seine Musen sind es, die ihn ins Verderben führen, des Nachts, wenn er sitzt zu Gerichte mit seiner Welt. Mit seinen Jenseitsträumen, mit seinen Eintagsfliegen der inneren Wallung, mit seinen keifenden Ungeheuern einer heimatlosen Heimat.

Die Frauen sind das größte Kapital seiner Dichtkunst, zugleich „nur" *temporärer* Untergang, falls er es schafft, sich wieder zu befreien aus den Fesseln von *Dante Gabriel Rossetti´s* (1828 bis 1882) LADY LILITH. Die Götter schickten sie, diese Rose und diesen Mohn, ihm, damit er sie male auf Leinwand und beschreibe mit Worten, denn die Romanze ist das in der Worte Stein gehauene Totenrelief seiner Liebe.

Und weil er aus dem gleichen Fleische ist, aus welchem seine Musen sind, trägt er diese unsichtbare Dornenkrone, dieses *„Charisma"* in seinen Augen, in denen das Licht fremder Galaxien funkelt. Seine Musen sind es, die ihn erheben in den Himmel als Madonnen.

Die Frauen lieben ihn und er liebt sie. Und weil er *Romancier* ist, begehrt er, von ihnen ans Kreuz geschlagen zu werden, bis das Blut des Dichters fließt, um ihnen, seinen weiblichen Schaffenskräften zu beweisen, dass er sie liebe. Und das tut er mit Pinsel, Meißel und Feder. Das Wort sind sein Öl und sein Meißel. Er malt mit dem Pinsel der Worte und haut in Klänge mit dem Meißel, was er sieht. Er ist Maler, Bildhauer und Setzer von Tönen, und seine Modelle sind seine heimlichen Geliebten, die, wenn der Mond vom nächtlichen Gestade scheint, aus milchigen Regenteichen steigen, um ihm zuzuflüstern, was er mit der Feder zu Papiere bringen möge. Es ist die Liebe, die Schwesternschaft zu ihr, seiner *Madonna*, weshalb Madonnen vor ihm niederknien und er vor ihnen.

Doch LILITH möchte gehen in schönen Gewändern, in der Feuerglut Dukatenzauber baden, geschmücket sehen Stirn und Haar mit dem Funkelglanze Diamanten besetzten Diadems. Sie fordert zurück, was sie ihm gegeben: *Poesie*.

Der einzige Ausweg, wenn der Dichter ihr das nicht zu bieten vermag, ist seine Flucht nach vorn. Gezwungen ist er zu fantasieren von Macht umschlungene Zeilen, um einzufahren sein Heu, seine wohlverdienten Dukaten!

Erst dann ist er Frauenheld, wohnt auf dem Parnass und darf behaupten, ein *Michelangelo* der Worte zu sein.

Casa Nova.

Jetzt ist er prominent und seine Neider und *Baal*-Dienerinnen basteln an seinem Untergang. Das, was *publik* wird, steht stets zur Diskussion, vor allem wenn es seine Abkunft nimmt von Repräsentanten des öffentlichen Lebens, der *high society*.

Hier geht es um Männer, die geschaffen haben und mit diesem ihrem Geschaffenen auf sich haben aufmerksam machen können, um Größen, nicht um geistige Spulwürmer, Möchtegerns der Szene. Ich spreche von Heroen unserer finsteren Werkstätten, in denen sich zeitweilig ein Sonnenstrahl verirrt, denn der *Romancier* schwingt nicht seine Feder im Getöse eines lichtbefluteten Jahrmarktes oder im akustischen Getriebe einer Künstlerkneipe, obgleich er dort seine Gedanken spinnt, nachdem er hat seine Beobachtungen anstellen können, die er darauf in seinem Atelier idealisch in Worte meißelt.

Starkes Interesse schüren *sie* bzw. *was* sie haben zu Papier gebracht, die Herkulesse von Gottes Gnaden. Auf dem Programm stehen Verriss seitens der Rezensenten und Nachstellerei durch unglückliche Geister, Verwirrte, welche besser daran täten, ärztliche Hilfe aufzusuchen, statt das Leben verdienter Prominenz mit ihrem Erbrochenen zu besudeln. Sympathischer Verreißer *Marcel Reich-Ranicki* (1920 bis 2013), Stalking-Opfer *Britney Spears* (*1981).

Prominenz ist für jeden *Romancier* schwere Last, nicht bloß für den *Romancier* von Format, sondern für alle, die nach der vermeintlichen Jubelsonne streben. Grund, weshalb der eine oder andere unseres Geblüts in gut bezahlten *talk shows* nicht zu sehen ist, den öffentlichen Auftritt scheut und in erster Linie in seinen Arbeiten sich äußert.

Daher wie sehr verdammenswert, wenn wir in der Nähe goldener Küsten die Hosen herunter lassen. Gemeint natürlich ist das Dschungelcamp, das *come-back*-Lager für in Vergessenheit geratene und bisweilen abgehalfterte Größen. Welch eine Schmach für Madame *Désirée Nick* (*1956) und Ludwig-*double Helmut Berger*! Lob für „Zug-Nirgendwo-Fahrer" *Christian Anders*! Er lehnt es ab, im besagten Camp sich zu prostituieren! Und falls man nicht abgestürzt war zuvor, bleibt man immerhin im Gespräch und selbstverständlich lockt sofortige Bezahlung. Die Rubel aus neu gewonnener *publicity* um die Person rollen später.

Im schlimmsten Falle endet Prominenz mit unnatürlichem Tod: Giftekonsum, Selbsttötung und Attentat. Die Liste derer ist eine lange Kette viel zu früh verstorbener Schwergewichte kultureller Blüte. Ein *Who is Who* der schattenreichen Reiche. Romantiker der ersten Stunde, die ihrer Nachwelt hätten noch so manchen Göttervers, Sirenenklang und hinter Firnis konserviertes Nacktgeschöpf hinterlassen.

Solange wir oben treiben, sind wir gesellschaftliche Löwen, umworben, man sonnt sich in der Aura unserer Kreativität. Haben Freunde bis zum Abwinken, spielen in den Sandkästen der Verrückten und vertreiben uns die Zeit mit Wasser-Ski und auf *very-important-person*-Festivitäten. Verschwinden wir allerdings wieder von der Bildfläche, fallen hinab aus *Himmelhoch jauchzend* in *Zu Tode betrübt*, begehren wir, einen Schalter umlegen zu können, damit Vergangenheit nimmer existiere. Denn dann ist der *Romancier* abermals allein: sogenannte

Freunde bleiben weg und bei manchem steht der Gerichtsvollzieher vor der Tür.

Man sollte das in den Zeiten des Erfolgs Erwirtschaftete auf Hohe Kante legen für die Zeit danach, und selbstverständlich seine Familien vom Medienrummel fernhalten, denn das Los des Gesellschaftslöwen ist die Eintrittskarte ins Paradies der Illusionen.

Der Wein! Der liebe Wein! Was wäre der *Romancier* ohne dieses geistige Getränk, das ihm Trost spendet in Zeiten der Verdammnis und ihm auf die Sprünge hilft beim Verfassen eines neuen Werks, damit er die Stimme seiner Musen besser höre? Darüber hinaus ist Wein das Seher-Glas in andere Welten, in die Zukunft und Vergangenheit. Mithilfe dieses Zauber-Elixiers findet der *Romancier* auch den Schlüssel zur Gegenwart. Im Rausche *Bacchus* erkennt er sich selbst, genauso wie in den darauffolgenden Schlafträumen, welche geschüret sind von Fieberenergien. Alles wird — oder wenigstens erscheint — ihm klar. Die gewonnene Gewissheit bettet ihn auf ein weiches Lager, das zuvor noch war zerwühlet von Irrungen und Fragen: Weshalb seine über alles geliebte Gefährtin aus dem Reich der Zwerge und Königinnen ihn verließ, den Bildhauer der Worte, ihn, den Gipfelstürmer der *Wagnerschen* Bühnenbilder, ihn, der alles dafür gäbe, nur um mit ihr zu sein? Zu sein auf Ewig!

Er braucht keinen Seelenklempner, keinen Quacksalber des Gemüts. Er braucht diese süße Dämonin aus der Flasche, diese Dämonin, die genähret ist von den Sommersonnen vergangener Jahre an den Hängen blauer Flüsse. Im Morgennebel, zur Mittagsstund, im Abendnebel. Sie, die Rebe, ist mehr als bloße Therapie! Sie öffnet den Vorhang zu einem Stück, das wir zwar zu kennen glauben, aber nicht wissentlich, denn sie verrät uns dessen Geheimnisse, das Wenn und Aber der Aktion, lässt uns teilhaben am Ausgange des Dramas, das wir erleben in Täglichkeit.

Diese Schwester *Bacchus* verleiht uns Flügel, um zu segeln ins Land der Fantasie, damit wir unserem Publikume Kunde tun davon in Worten. Denn wir sind mit ihr verschwistert, manche unserer Zunft sogar in Zwillingsschaft.

In der Rebe liegt die Wahrheit!

Eine Muse, welche sich von dannen, aus dem Staube macht, ist nur schwerlich einzuholen. Sie ist davon. Wir sind allein. Können keine neue Musen aus dem Stegreif zaubern, müssen warten auf den Gnadentag, wenn wir uns verlieben wieder aufs Neu. Doch eine Flasche Roten oder auch zwei warten auf uns zu jeder Zeit, sind erreichbar ohne viel Brimborium, ohne viel drumrum, jenseits allen Strebens und Begehrens, ganz einfach da, wann immer wir ihrer bedürfen, in des Winzers oberstem Regale.

Verweisen möchte ich auf *Manfred Köhnlechner´s* Fibel DIE HEILKRÄFTE DES WEINS, eine mitunter zum Schmunzeln verführende Schrift über die gesunden Eigenschaften dieses geheimnisvollen Saftes.

Aussterben tun wir nicht. Allerdings der Beutelschneider, dieser kapitale Virus, pfercht uns ins Reservat und nimmt uns unsere Heimat: die Vision. Das, was der Profiteur Weizen nennt, ist Spreu für uns, und was er Spreu nennt, für uns Weizen. Die guten ins Töpfchen, die schlechten ins Kröpfchen der Geldnoten-*Verleger*!

Bereits bekundete ich, welch pseudo-erotischer Kitsch der wahren schriftstellerischen Erotomanie ihr Terrain streitig macht. Wie überhaupt der Allgemeinplatz seit Langem Einzug hält in den Schreibstuben Sensationen provozierender Worteblender. Allgemeinplatz ist die Postkarte, Poesie der von Hand geschriebene Brief. Wir *Romanciers* lieben es, Liebesbriefe zu schreiben mit Händen, die unsere Musen führen. Wir schreiben blind, ohne Vorsatz, denn die Sätze flüstern uns unsere Souffleusinnen zu, unsere Statuen aus Licht und Poesie, unsere *Madonnen*.

Wir sind *Don Quijotes*, unsere Windmühlen unsere Romane und unsere Musen heißen *Dulcinea*.

Statt eines Nachworts — Fall *Kinski*

Wie man den Fall des *enfant terrible* des nationalen wie internationalen Films *Klaus Kinski* (1926 bis 1991) auch beurteilt, angesichts seines mutmaßlichen durch Nichts zu relativierenden Verbrechens an seiner Tochter *Pola* (*1952) (vgl. KINSKI, POLA:

Kindermund. Insel Verlag, Berlin 2013), unumstößliche Tatsache ist, dass er zu den größten *Romanciers* im erweiterten Sinne zu zählen *wäre*.

Kunstwerk und Urheber sind zwar unausweichlich miteinander verkettet — ohne den Künstler gäbe es nicht sein Werk — trotzdem sind beide getrennt voneinander zu bewerten. Das heißt, *Kinskis* Schauspielkunst in Frage zu stellen, weil derselbe privat, *i. e.* als Person, das Leben seiner Tochter nicht unbeträchtlich zerstört hat, geht nicht. In dieser Hinsicht sind Werk und Persönlichkeit nicht aufeinander zu beziehen, so unannehmbar dies für uns auch sein mag. Man denke an die Diskussion um den *Kinski*-Stern auf dem Berliner „Boulevard der Stars".

Man argumentierte damit — der Stern blieb — Werk und Kunst seien zwei verschiedene Paar Schuhe.

Auf der anderen Seite hingegen — wie gesagt — sind *Kinskis* Person und sein Œuvre nicht voneinander zu trennen. Das macht die Sache so schwierig, denn *Kinski* war im Film, auf der Bühne, das, was er war: er „spielte" sich selbst. Doch spielte er nicht, er lebte sein Ego auf Zelluloid und den berühmten Brettern der Welt.

Künstlerische Freiheit ist das eine, zivile Freiheit das andere. Beide sind keineswegs grenzenlos. In der Kunst darf Gewalt zwar dargestellt der Mahnung wegen, allerdings nicht verherrlicht, im zivilen Leben keine Gewalt ausgeübt werden. Ganz im Sinne des *Kantschen* KATEGORISCHEN IMPERATIVS: „Handle so, dass die Maxime deines Handelns jederzeit zugleich als Prinzip einer allgemeinen Gesetzgebung gelten könnte."

Trotz alledem betrachte ich *Kinski*, so groß er auch in künstlerischem Belange gewesen sein mag, nicht als Repräsentant unserer Zunft.

Denn *Romancier* bin ich nicht nur um meiner Geburt, sondern auch um der Moral willen.

In diesem Lichte sind auch *Arno Breker* (1900 bis 1991), *Albert Speer* (1905 bis 1981) und *Leni Riefenstahl* (1902 bis 2003) zu hinterfragen.

Erfolg verführt!